河北省教育厅重大攻关项目『数字经济时代河北省文化产业发展策略研究』的成果，项目编号：ZD202224

数字经济时代河北省文化产业发展策略研究

杜浩 马野超 著

河北大学燕赵文化高等研究院
INSTITUTE FOR ADVANCED STUDY OF YANZHAO CULTURE,HEBEI UNIVERSITY
成果文库

河北省文化产业发展研究中心
系列成果

河北大学出版社·保定

数字经济时代河北省文化产业发展策略研究

SHUZI JINGJI SHIDAI HEBEISHENG WENHUA CHANYE FAZHAN CELÜE YANJIU

出 版 人：朱文富
责任编辑：刘　婷
　　　　　韩卫东
装帧设计：杨艳霞
责任校对：杜启昌
责任印制：常　凯

图书在版编目（CIP）数据

数字经济时代河北省文化产业发展策略研究 / 杜浩，马野超著． -- 保定 ：河北大学出版社，2023.7
ISBN 978-7-5666-2101-6

Ⅰ．①数… Ⅱ．①杜… ②马… Ⅲ．①文化产业－产业发展－研究－河北 Ⅳ．①G127.22

中国国家版本馆 CIP 数据核字(2023)第 148806 号

出版发行：河北大学出版社
地址：河北省保定市七一东路 2666 号　邮编：071000
电话：0312-5073019　0312-5073029
邮箱：hbdxcbs818@163.com　网址：www.hbdxcbs.com
经　　销：全国新华书店
印　　刷：涿州市般润文化传播有限公司
幅面尺寸：170 mm × 240 mm
印　　张：13.5
字　　数：168 千字
版　　次：2023 年 7 月第 1 版
印　　次：2023 年 7 月第 1 次印刷
书　　号：ISBN 978-7-5666-2101-6
定　　价：39.00 元

序　言

在数字时代背景下，互联网、大数据、云计算、人工智能、区块链等技术加速创新，日益融入经济社会发展各领域全过程。为应对科技革命和产业变革给文化建设带来的机遇和挑战，2020年，党的十九届五中全会做出了推动公共文化数字化建设、实施文化产业数字化战略的决策部署。2022年，中共中央办公厅、国务院办公厅联合印发了《关于推进实施国家文化数字化战略的意见》，明确了国家文化数字化战略的重点任务和路线图。党的二十大报告中也强调，要实施国家文化数字化战略，健全现代公共文化服务体系，创新实施文化惠民工程，这标志着实施国家文化数字化战略已成为全党共识、全党任务。由此可见，文化数字化已经成为健全现代公共文化服务体系，推动文化高质量发展，建设社会主义文化强国的战略选择。文化数字化在促进我国文化发展、提升我国文化产业国际竞争力、维护我国文化安全等方面，发挥着不可替代的重要作用。

近年来，在创新创意、数字科技、文旅融合等理念引领驱动下，“文化＋”衍生出多种新业态、新模式、新格局，传统文化资源转化利用也迎来新视野、新思路、新定位。作为文化资源大省的河北，拥有万里长城、避暑山庄、大运河（河北段）、明清皇家陵寝等世界文化遗产；拥有国家历史文化名城 6 座；拥有全国重点文物保护单位 291 处，位居全国第三；6 项非遗项目列入人类非物质文化遗产代表作名录，国家级非物质文化遗产代表性项目 163 项，位居全国第五。丰富且高质量的文化资源为河北省发展数字文化产业提供了良好的发展基础。2020 年 4 月 19 日，河北省人民政府发布《河北省数字经济发展规划（2020—2025 年）》，提出要大力发展数字文化创意服务。充分挖掘河北省优秀文化资源，打造特色鲜明的燕赵数字文化创意产品。支持承德避暑山庄、直隶总督署等历史文化遗产及文物的数字化镜像建设，推进曲阳定瓷、衡水内画、唐山皮影等传统工艺与人工智能、大数据等技术的深度融合。2021 年 3 月 29 日，河北省文化和旅游厅印发《河北省文化产业发展规划（2021—2025）》，提出要依托文化资源大省优势，大力推动文化资源挖掘和开发转化，推动传统文化产业改造提升，着力发展新兴文化产业，加强文化与科技融合，着力加快数字文化产业发展，深化文化产业与相关产业融合发展，提升文化产业整体实力和竞争力，构建现代文化产业体系。2021 年 10 月 14 日，河北省人民政府办公厅印发《河北省文化和旅游发展“十四五”规划》，提出以数字化为牵引，以创新创意催生产业新动能，加快资源开发转化，改造提升传统文化业态，创新发展新型文化业态，实施优势文化产业集群打造工程，扩大优质文化产品和服务供给，提升河北文化产业整体实力和竞争力。由此可见，随着科技进步和文化不断发展，利用 5G、大数据、云计算、人工智能、VR/AR 等技术，培育河北省数字创意、数字艺术、数字娱乐、沉浸式体验等新型文化业态，加强力度推进河北省区域文化产业在数字技术上的运用，是推动河北文化产业发展的重要路径。

本书以数字经济时代河北省区域文化产业发展为研究对象，提出了河北省区域文化产业在数字化背景下引入新技术、新手段转型升级的新模式。一方面，以河北省区域文化产业建设为例，探索河北省数字技术与文化产业进行深度融合的现实路径。另一方面，整合河北省区域文化产业发展现状，探索数字经济时代文化产业发展的可行策略。本书框架可以划分为两个部分：第一部分（第一章至第四章）讲述数字经济背景下的河北省文化产业概况。包括河北省数字文化产业的发展历程、内涵与外延、整体布局与现实困境，以及总体发展策略。第二部分（第五章至第八章）讲述数字经济时代河北省区域文化产业的发展现状与发展策略。包括河北省大运河文化产业带、长城文化产业带、冰雪文化产业带、燕山—太行山文化产业带的发展现状与发展策略。

本书基于数字经济时代和文化产业发展的大背景，在实地走访、调研、座谈的基础上，梳理河北省数字经济发展现状，剖析面临的诸多问题，特别是结合河北省各地市不同的发展策略，研究借鉴国内外文化产业发展的先进经验，立足河北省情，对河北省各地文化产业所蕴含的数字潜力、数字技术与文化资源融合发展的机遇与挑战进行分析，为河北省文化产业的发展提出具体的、有针对性的建议。本书通过梳理数字经济与文化产业的内在逻辑关系，明确数字经济对文化产业的作用；通过对河北省文化产业发展较为典型的区域进行深入分析，如对大运河文化产业带、长城文化产业带、冰雪文化产业带、燕山—太行山文化产业带进行分析，形成针对不同地域的文化产业发展的策略，为河北省文化产业的发展注入新的动力。

作者

2023.7

目　　录

第一章　河北省数字文化产业的发展历程

在数字时代背景下，数字技术已经渗透到人们生活的方方面面。文化产业作为市场的重要组成部分，作为消费者重要的消费场景，也正在接受数字技术的重新塑造。数字文化产业不是对传统文化产业彻头彻尾地替代，而是在时代背景下对传统文化产业进行变革和升级。2014 年，张宪超、李孟刚在《我国数字文化产业发展研究》中把数字文化产业的概念总结为：将文本、图片、视频、音频等内容，运用现代化高科技手段整合成新的产品或者为用户提供服务，其内容涉及动漫、游戏、影音和数字化教育等领域，以及移动内容、互联网信息服务等方面。①

基于数字技术，传统文化产业能够实现形态的蜕变，但是数字技术能真正持续为文化产业赋能，需要实践的积累和一定时间的沉淀。我国从数字技术开始渗透进入文化产业领域，到现在催生出数字文化产业经历了长达几十年的时间。河北省文化产业在国家政策的指导下，也逐渐迈入了文化产业数字化的道路。

---

①　张宪超、李孟刚：《我国数字文化产业发展研究》，《广西社会科学》2014 年第 7 期。

一、数字技术催生数字文化发展的阶段

数字技术对文化产业产生影响其实可以追溯到第三次工业革命时期。第三次工业革命又被称为信息革命、科技革命，当时计算机的问世、个人计算机推动计算机大众化、通信技术的发明等，无一不对文化的传播带来影响。这一时期，可以说是数字文化产业的萌芽时期。1995 年，国际上正式提出“数字内容产业”的概念，当时我国文化产业虽然还没有以独立形态存在，但是数字化的文化实践早已开始。例如，1979 年，天津出现的第一条报纸商业广告、上海广播电视台播出的第一条电视广告等。虽然当时国内还没有“文化产业”的确切概念，但是这些文化市场上的尝试恰恰是对文化产业的探索，也是国内把数字技术应用在文化产业中的典范。

1986 年，我国移动通信开始商用，之后私人经营的剧院、歌舞厅等文化娱乐活动场所不断涌现。20 世纪 90 年代初，伴随着数字技术、卫星电视和有线电视的出现和发展，广播电视节目及广告行业日益繁荣。1994 年 4 月，中国科学技术网（CNNET）的前身“中关村教育与科研示范网络”开通了接入互联网的国际专线，我国正式成为国际互联网的成员，这也为我国网络文化产业的发展奠定了坚实基础。1995 年，北京科技有限责任公司成立，这是我国首家通过互联网为大众提供网络信息服务的公司，它被认为是我国第一家真正意义上的网络文化企业。① 这一系列依托于数字技术成长起来的文化活动，都可以看作是我国数字文化产业的有益尝试，这也为我国乃至河北省数字

① 詹一虹、侯顺：《网络文化产业研究的逻辑起点与问题域》，《深圳大学学报》（人文社会科学版）2016 年第 5 期。

文化产业的发展奠定了基调。

1992 年 6 月，中共中央、国务院发布《关于加快发展第三产业的决定》，明确把文化卫生事业作为加快发展第三产业的重点，这是我国官方第一次明确认可文化的“产业”性质。1998 年，文化部成立了文化产业司。2000 年，中共中央制定的《关于制定国民经济和社会发展第十个五年计划的建议》中，“文化产业”一词首次出现，这也是“文化产业”一词在中央正式文件中的首次出现。

数字技术赋能催生了一系列文化产业的新业态，如游戏动漫、数字影音、数字出版等。在以数字技术为载体的文化产业迅速崛起的背景下，金元浦在《数字化：内容文化产业的崛起》中，分析了如何以数字化、信息化技术带动文化的产业化问题，探寻构建数字文化产业平台的必由之路。同时，参照英、美、日、韩的文化产业发展，金元浦认为，数字化内容产业未来的发展有着巨大的潜力，因此实现数字化创新与数字化融合是一条必由之路。①

20 世纪 90 年代到 21 世纪初，互联网开始走进千家万户，在文化市场不断扩大的背景下，技术的发展正式铺开了互联网进军文化产业的道路。20 世纪 90 年代末，网易、搜狐、新浪等互联网信息服务企业开始涌现，一大批诸如联众、盛大等网络游戏公司相继成立，我国的文化产业数字化以网络文化形态开始建立起来。可以发现，在这一时期，国内广播电视和传统出版传媒行业的数字化发展、网络信息服务等以文化为核心，以数字技术、信息技术和网络技术为依托，形成新型文化产业形态。

当时，国内还没有对“数字文化产业”的深度认识，因此在这一时期，数字经济赋能文化产业的态势并不明朗。河北省文化产业数字

① 金元浦：《数字化：内容文化产业的崛起》，《中国文化产业评论》2004 年第 2 期。

化发展最突出的表现是在文化旅游方面，技术给旅游业发展提供了新的思路和路径，使智慧旅游成为可能，对文旅产业的发展起到了积极的推动作用。但河北省在硬件、软件上都算不上有竞争力，因此即便在数字技术的推动下，省内的文化产业也并没有做出十分亮眼的成绩。

二、数字经济浪潮对文化产业的影响

继 1998 年 5 月、1999 年 6 月分别出版《新兴的数字经济》报告之后，美国商务部于 2000 年 6 月 5 日发布了第三份有关信息技术革命对美国经济影响的报告——《数字经济 2000 年度报告》。由于数字经济已经取得了可观的发展，报告标题中已然不见“新兴”二字，这表示电子商务和信息技术产业以惊人的速度发展并影响着当时美国的经济。① 2008 年金融危机后，英、美等大国纷纷提出了数字经济战略，在数字经济浪潮的背景下，文化产业的数字化趋势越来越明显。我国政府也十分重视网络文化产业的发展，制定多项规划推动文化与科技融合，促进文化产业数字化和网络化。何德功通过审视文化产业大国日本在文化产业上发展的新趋势发现，其产业国际竞争力的提升，离不开数字时代带来的商机，因此文化产业应当紧扣数字化脉搏，以期有更广阔的发展。②

（一）数字经济推动文化产业数字化

以物联网、人工智能、云计算、大数据为代表的新一代信息技术

① 美国商务部：《数字经济 2000 年度报告》，《世界经济》2000 年第 8 期。
② 何德功：《紧把数字时代的脉搏》，《瞭望新闻周刊》2004 年第 21 期。

正在以迅猛的态势不断发展，异军突起的数字经济成为重塑全球经济发展格局的一股重要力量。数字经济本身具备的融合性属性，使其渗透在各个行业之中，“数字＋行业”逐渐成为各行各业发展的新趋势，文化产业也不例外。另外，文化产业本身就是技术、信息、知识的集合，数字经济条件下带来的信息技术、网络化技术等之于文化产业的发展就是一阵东风，能够使文化产业迈入新的发展阶段。

雷光华通过对西方国家文化产业的发展模式与发展趋向进行探析，认为数字化、高科技对于文化产业来讲是发挥资源优势、创意优势、知识优势的关键所在，数字技术将会是拓展文化产业增长空间的重要因素。① 历史上每一项新的科研成果、技术成果的问世与运用，都会给各个行业带来不同程度的冲击，有时是考验，有时是机遇。数字经济的发展，意味着数字技术逐渐走向成熟，也意味着数字技术将以更为成熟的方式深入文化产业领域当中，为文化产业注入新的活力。在此背景下，我国为推动传统文化产业向数字化文化产业转型，出台了一系列相关的政策，发布了行业相关报告，对文化产业数字化具有重要的指导意义。部分相关文件如表 1 所示。

表 1　关于推进文化产业数字化的部分政策文件

时间	名称	主体	相关内容
2009 年 7 月	《文化产业振兴规划》	国务院	我国首部全国性的文化产业转型规划；指出数字内容产业是新兴文化业态发展的重点

① 雷光华：《西方国家文化产业发展模式与发展趋向探析》，《湘潭大学学报》（哲学社会科学版）2004 年第 2 期。

续表

时间	名称	主体	相关内容
2016 年 12 月	《“十三五”国家战略性新兴产业发展规划》	国务院	首次将数字创意产业纳入其中
2017 年 4 月	《关于推动数字文化产业创新发展的指导意见》	文化部	首个明确提出“数字文化产业”概念的政策文件，对数字文化产业的发展具有重要的指导意义
2022 年 5 月	《关于推进实施国家文化数字化战略的意见》	中共中央办公厅、国务院办公厅	从政府层面加快推进文化数字化进程，为文化数字化发展指明了方向

《“十三五”国家战略性新兴产业发展规划》把数字创意产业纳入其中，使其成为与新一代信息技术、生物、高端制造、绿色低碳产业并列的“十三五”时期我国战略性新兴产业发展的五大支柱之一，这意味着数字文化产业正在以惊人的态势成长着。另外，数字经济推动文化产业数字化，本质上就是把数字技术应用到文化产业当中去，使传统文化产业更新迭代至具备更新速度快、融合度高等特质的进一步形态。

2012 年 12 月，河北省发布了《河北省文化产业发展“十二五”规划》，指出“随着文化与科技的深度融合，以数字技术为基础的新兴文化业态，将抢占文化产业发展的‘制高点’”。由此可见，数字经济环境下，文化产业数字化是文化产业未来发展的必然趋势。

（二）数字经济催生新的文化业态

数字经济，顾名思义以数字化为最大的特征。数字技术的应用，使文化产业能够以更高的效率对资源进行整合，以更易用的方式对产品进行升级。随着互联网、大数据、云计算、人工智能、新能源、新材料、3D（三维）打印等技术快速发展，在文化新需求的促进下，优质文化产品和服务供给不断增加，推动文化产业结构优化升级，催生一批新型文化业态。① 此外，技术的应用使之前无法利用起来的资源以新的方式组合起来并呈现在消费者面前，这一方面是对资源的整合再利用，另一方面也通过新技术催生了新的文化业态，这“两驾马车”同时牵引着文化产业朝着数字化的方向不断迈进。

20 世纪 90 年代是数字化态势凸显的开端，各个行业向数字转化的步伐明显加快，美国、日本等经济大国都开始大力推动数字信息产业发展。1998 年，日本富士产经集团提出了“彻底数字化”口号，启动了数字通信卫星广播，1999 年又启动了新的卫星数字广播站，开通了新的传播网络。② 归根结底，数字文化产业是将各种文化资源与最新数字技术和网络通信技术相结合，打破原有传统文化产业的固有边界，推动传统文化产业转型升级；利用新技术渗透到文化产业从生产到消费的各个环节，催生出新的业态和新的模式，如数字游戏、互动娱乐、影视动漫、立体影像、数字教育、数字出版、数字表演、网络服务、内容软件等。

国内文化产业数字化发展最初崭露头角的主要是出版行业以及网络娱乐行业。随着数字时代的到来，全球所有的大型出版集团均把信息技术与互联网业务的开发和发展放在一个至关重要的位置，不仅所有的内容文本全部数字化了，内部管理建立了 ERP（企业资源计划）

① 蔡晓璐、范周：《人文为本 需求为先 科技助力——2017 中国文化产业新业态年度盘点》，《艺术评论》2018 年第 3 期。

② 王哲平：《“全球化”背景下世界文化产业发展的新趋向》，《南京社会科学》2003 年第 8 期。

系统，而且各项业务已经全面地进入互联网领域。① 彼时，中国出版业也在关注数字化的进程和互联网的发展，很多出版社开始建立自己的网站，试图开展数字化工作，也有少数单位尝试搭建数据库，探索出版行业数字化的新道路。但纵观全球，国内出版社的数字化工作还处于表层，没有真正意识到数字化正在全面影响着出版行业。

此外，我国娱乐产业数字化特征也日益明显。2006 年 7 月 18 日，中国首届数字娱乐产业论坛召开。数据显示，我国网络游戏市场在 2005 年达到了空前规模，关联产业产值近 100 亿元，数字娱乐作为数字文化产业中的先行者走在了前列。浙江省文化产业选择集群式发展之路，形成多个文化产业聚集区块，并全力推进文化产业集群的建设。在杭州就有西湖创意谷、湘街文化创意产业园等多个文化产业聚集区，其中的数字娱乐产业园已聚集了包括中国博客网、联梦娱乐等近 30 家企业。依托于经济优势、区位优势等，浙江省的文化产业发展在全国范围内都属于先锋，数字化发展之路也是如此。② 当时，河北省文化产业数字化特征也开始显现出来，尤其是文旅、娱乐方面。颜秉忠在《河北数字创意文化产业中引入“泛动画”理念的研究》中指出河北省数字创意文化产业发展的重点方向，并提出推动河北文化产业进一步发展的措施建议。③ 周锦等在探索数字经济背景下文化旅游创新融合发展模式时指出，数字经济背景下的文化旅游融合创新发展，可以推动城市文化产业和旅游业的高质量发展。这需要城市立足自身发展特征及资源优势，加强区域合作，以促进城市文旅融合的可

---

① 陈昕：《论数字化条件下的出版集团建设》，《编辑之友》2003 年第 1 期。

② 史征：《文化产业集群竞争力评价实证研究——以杭州数字娱乐产业集群为例》，《生产力研究》2009 年第 18 期。

③ 颜秉忠：《河北数字创意文化产业中引入“泛动画”理念的研究》，《明日风尚》2018 年第 16 期。

持续发展。①

（三）数字经济开拓新的文化消费场景

数据显示，我国互联网普及率不断上升的同时，网民规模也在不断扩张，各类互联网服务应用规模均保持高速增长，数字经济浪潮带来的技术环境为文化消费提供了新的可能。“云阅读”“云视听”“云展览”“云演出”等，都是基于数字技术与文化产业的深度融合，给人们带来不少新体验。

随着计算机和网络技术的发展，阅读逐渐可以脱离厚重的书本，利用数字技术、电子媒介就可以实现图书储存、复制、传递、阅读一体化，这给知识传播带来了极大的便利，突破了传统的文化消费场景，把文化消费现实空间搬到了云空间。2022 年 5 月，中共中央办公厅、国务院办公厅印发《关于推进实施国家文化数字化战略的意见》，提出发展数字化文化消费新场景，大力发展线上线下一体化、在线在场相结合的数字化文化新体验。② 总之，数字经济给文化产业带来的冲击，主要依托于技术的应用。除了互联网、大数据、云计算、人工智能等目前广泛应用的先进技术之外，“数字艺术展示”“动漫表情”“可穿戴设备”“智能家庭娱乐”“智能语音”“无人机”等新词逐渐引发了业界与公众的关注，这意味着数字技术的发展为文化消费拓展了更为广阔的空间。而伴随着数字经济的成熟，数字技术也会越来越成熟、先进，相应的数字文化产品也会越来越丰富、越来越出色，从而也培养了消费者新的消费习惯，培育了更多的新消费场景。

---

① 周锦、王廷信：《数字经济下城市文化旅游融合发展模式和路径研究》，《江苏社会科学》2021 年第 5 期。

② 韩松、王洺硕：《数字经济、研发创新与文化产业高质量发展》，《山东大学学报》（哲学社会科学版）2022 年第 3 期。

（四）数字消费场景开拓文化产业新格局

数字经济促使数字文化产业逐渐成为文化产业发展的重点领域，成为文化经济不断扩张的新增长点。信息技术的发展不仅推动了文化产业的生产与传播革新，也为文化产业提供了广阔的市场基础，技术引起的消费者的消费特征变化、消费环境变化无一不带动着文化产业格局的变化。① 2009 年 7 月 22 日，国务院常务会议审议通过了《文化产业振兴规划》。作为我国首部全国性的文化产业转型规划，该文件明确了数字文化产业的发展前景，对我国应对金融危机、加快文化产业发展、推动经济结构调整有着重要意义。此后，我国文化产业进入了高速发展阶段，河北省立足于本省的发展需求，认真落实党和国家的决策部署，相继制定和完善了促进文化产业发展的一系列政策。在数字经济时代，河北省的文化产业发展也取得了长足进步。

1. 数字消费场景改变传统消费模式

1998 年，随着互联网技术的发展，网吧在中国市场上兴起，网吧的出现为大众提供了新的消费方式和消费场所，网络文化产业开始进入文化消费市场，国内的数字文化产业从这一阶段开始逐渐发展起来。20 世纪末、21 世纪初的数字文化产业主要以信息服务为主，网络文化企业大都是利用新兴科技将传统文化资源进行数字化改造，为大众提供信息服务。另外，数字经济促使了网络、大数据的广泛应用，搭建了更为便捷的数字消费场景，包括支付方式等方面。不仅如此，数字经济给消费者提供了超前消费的可能，极大程度上改变了消费模式。2022 年 2 月 25 日，中国互联网络信息中心（CNNIC）在京

① 陆建栖、任文龙：《数字经济推动文化产业高质量发展的机制与路径——基于省级面板数据的实证检验》，《南京社会科学》2022 年第 5 期。

发布第49次《中国互联网络发展状况统计报告》。报告显示，截至2021年12月，我国网民规模达10.32亿，较2020年12月增长4296万，互联网普及率达73%。这意味着，互联网的应用能给数字文化产业提供更广阔的发展空间。①

2. 数字消费场景影响文化消费场域

数字经济依托数字技术给文化产业带来了巨大影响。数字经济极大程度上依靠技术，以数字化为载体改变了传统消费场域与消费模式。数字技术的广泛应用，给消费者提供了更为多元的消费方式，而不再要求消费者必须到场，因此村镇文化消费市场也得到充分挖掘。在乡村振兴、发展农村消费的实践背景下，农村居民对于文化产业的需求被进一步激发出来，消费结构也从基本生活保障消费升级为丰富生活、闲暇消费以及一定的精神消费。电商、直播销售的广泛运用，充分体现了新的消费场景的便捷性。基于此，城乡消费差距会逐渐缩小，有利于优化消费环境，优化文化产业结构。② 另外，数字经济背景下，互联网走进千家万户，文化产业完全突破了实体的限制，能够把文化创意转化在数字化平台上，更方便、更多元地展现给消费者，这意味着消费者的文化消费场景会很大程度上从现实空间转移到网络空间当中去。2000年7月，《万王之王》作为我国第一代网络游戏进入市场，《万王之王》获得了巨大的商业化成功，在中国大陆第一个真正意义上实现了万人同时在线，并为中国大陆培养了第一批网络游戏玩家。我国庞大的网游市场从此被打开，网络游戏消费也逐渐成了消费共识。③

---

① 《中国互联网络发展状况统计报告》，《新闻潮》2022年第2期。

② 李翔、宗祖盼：《数字文化产业：一种乡村经济振兴的产业模式与路径》，《深圳大学学报》（人文社会科学版）2020年第2期。

③ 肖永亮：《数字媒体在创意产业发展中的地位》，《现代传播》2005年第5期。

3. 数字消费场景促进产业结构优化

数字文化产业是以文化创意内容为核心，依托数字技术进行创作、生产、传播和服务的新兴产业，具备传输便捷、绿色低碳、需求旺盛、互动融合等特点，有利于培育新供给、促进新消费。当前，数字文化产业已成为文化产业发展的重点领域和数字经济的重要组成部分。数字经济时代，文化产业的发展还要不断优化消费结构的转型升级，更好地满足文化产业发展需要，而数字消费场景在不断完善中也促进着文化产业结构的优化升级。在数字消费场景下，文化产业将更加倾向于满足享受型和发展型消费需要。① 只有文化产业结构优化转型，才能保证其适应文化产业业态的新变化；反过来讲，也正是文化产业不断进行优化，不断拓宽服务领域，才促使消费者的需求发生转变。强调数字消费的智能化迭代升级，继续大力运用数据平台、5G（第五代移动通信技术）、云智能等技术，能够促使新消费领域的进一步拓展，加强数字化产品的研发以及消费市场化运作，利用线上线下消费互动，开启产业结构优化的新道路。

三、数字经济时代河北省文化产业相关论述

目前，学界关于数字经济时代河北省文化产业的研究主要集中在理论建构分析和实践探索总结两个方面：

一是在理论构建分析方面。从 21 世纪初，文化产业与数字经济交织日益凸显开始，河北省数字文化产业虽然谈不上走在前列，但也有了一定的发展经验与思考。2004 年，毕顺堂等人对河北省文化产业发

---

① 赛娜：《数字技术促进文化消费创新发展的机制与趋势分析》，《商业经济研究》2021 年第 6 期。

展进行理论思考并提出建议，拟为促进河北省文化产业发展、加速文化产业进程提供有益参考。① 2010 年，常樱在梳理河北省近 5 年来区域文化研究类重要论文时，总结出有关社会文化建设、历史文化产业化、非物质文化遗产的三大类焦点问题，归纳评述了相关论点与创新点，同时也指出以往研究的不足，并为今后的发展提出了建议。② 其实总的来讲，关于河北省文化产业理论建构的研究，归根结底是为了指导实践，大部分学者在对学理性的方向进行思考时，都会对文化产业现实实践提出一定的见解。

二是在实践探索总结方面。2011 年，在河北省文化产业发展规模、体系建设和经济效益等方面都取得了显著成绩的背景下，孙胜存、高菲关注制约文化产业实现又好又快发展的“瓶颈”，提出一系列关于政策、机制方面的实践思路，以不断推动文化产业健康发展。他们的相关研究关注到科技投入不足的问题，但并没有提出应对策略。③ 李冰燕等人关注到浙江省等地文化产业较为突出的发展模式，试图应用到河北省的文化产业发展当中来。在京津冀协同发展全面推进的背景下，李冰燕等人针对河北省文化产业发展存在的问题提出了一些相关的举措，尝试拿出最适宜的方案以推动河北省文化产业集群化发展。④ 张伟、吴晶琦的《数字文化产业新业态及发展趋势》提到，数字文化产业是文化产业的下一个“风口”，坚定走数字化、网络化、

---

① 毕顺堂、闫占方、邵军永：《关于河北省文化产业发展的战略思考》，《河北师范大学学报》（哲学社会科学版）2004 年第 4 期。

② 常樱：《近五年河北文化研究焦点问题述评》，《河北大学学报》（哲学社会科学版）2010 年第 6 期。

③ 孙胜存、高菲：《文化产业现状分析及发展路径探索——以河北省为例》，《人民论坛》2011 年第 11 期。

④ 李冰燕、刘新霞、孙艳茹：《京津冀协同发展视域下河北省文化产业集群发展路径探索》，《产业与科技论坛》2017 年第 13 期。

智能化的全面转型之路，才能够推动我国数字文化产业向纵深发展。这也证实了技术对数字文化产业发展的重要作用，因此把握好技术带来的机遇才是产业转型的关键。① 张杨的《5G时代承德品牌文化产业发展前景研究》结合区域发展的优势，重点探讨了作为首都后花园的承德产业发展状况，阐述了5G技术对承德文化产业的影响及赋能情况。②

以"河北省文化产业"为关键词在知网进行检索，相关的文献数量并不是很多，其中大部分都是基于发展现状对之后实践探索的建议。而直接以"河北省数字文化产业"为关键词进行检索，几乎没有直接的相关内容，一方面是因为相关的研究成果不够充分，另一方面也折射出河北省数字文化产业的发展还没有达到一个比较高的水平。因此，利用大数据、5G等信息技术，在国家文化战略的视角下，对河北文化产业发展进行梳理，并分析数字经济时代文化产业发展优势，在宏观战略及实施策略上进行研究，为数字经济时代河北省文化产业发展提供理论支撑与智力支持十分有必要。

数字经济时代的文化产业具有创新性、网络化等特征。数字技术的快速发展不仅为文化创意产业带来了新发展、新变革，也带来了新产品、新业态和新模式。河北省文化产业的发展是河北高质量发展的内在需求，也是数字经济赋能河北文化、发展河北省数字文化产业的重要基础。

---

① 张伟、吴晶琦：《数字文化产业新业态及发展趋势》，《深圳大学学报》（人文社会科学版）2022年第1期。

② 张杨：《5G时代承德品牌文化产业发展前景研究》，《品牌研究》2019年第12期。

第二章　数字经济时代河北省文化产业的内涵与外延

作为燕赵文化的发源地，河北省拥有深厚的历史、人文资源和丰富的自然资源。此外，京畿之地的地理位置也为河北省的文化产业发展提供了良好的软、硬件环境。在种种条件的推动下，河北省立足于本省的发展需求，认真落实党和国家的决策部署，相继制定和完善了促进文化产业发展的一系列政策。

一、河北省文化产业时空布局

2009 年 7 月 22 日，国务院常务会议审议通过了《文化产业振兴规划》。作为我国首部全国性的文化产业转型规划，该文件对我国应对全球金融危机、加快文化产业发展、推动经济结构调整有着重要意义。同时，该文件的发布也意味着我国文化产业经过多年的探索性发展，正在迎来一个历史性的拐点，进入高速发展期。

2013 年，为深入贯彻落实科学发展观，促进河北省文化产业持续健康发展，根据河北省委、省政府《关于深入推动文化大发展大繁荣的若干意见》以及中央和河北省关于文化建设的一系列要求部署，河北省制定了本省文化产业发展“十二五”规划。规划指出，随着京津冀区域协同发展日益加深和河北省沿海地区发展上升为国家战略，河北省文化产业面临更为广阔的发展空间；同时，随着文化与科技的深度融合，以数字技术为基础的新兴文化业态将抢占文化产业发展的“制高点”，进一步增强文化产品的感染力和传播力，大幅度降低生产成本，增加产品附加值。因此，要从新阶段、新形势、新要求出发，抓住大好机遇，用足有利条件，以更新观念、更实举措、更大力度，推动河北文化产业实现跨越发展。

“十二五”时期，河北省依托各地特色文化资源和优势主导产业，准确把握文化市场消费特点和未来趋势，建设了廊坊、保定、张家口、承德等市构成的“环首都文化产业带”，秦皇岛、唐山、沧州等市构成的“沿海文化产业带”，邢台、邯郸、石家庄、保定等太行山沿线城市构成的“太行山文化产业带”，张家口、承德坝上地区及长城沿线城市构成的“塞上草原民族风情文化产业带”，以及石家庄、保定、衡水、邯郸、邢台等市构成的“冀中南文化产业聚集区”。这些产业带（区）根据自身的地理、文化、经济、政策等优势，逐步形成“四带一区”的文化产业发展总体布局。

另外，河北省在这一时期还形成了改革创新、龙头引领、项目带动、行业融合、品牌兴业、区域合作、“走出去”等七大发展战略，在演艺业、文化节庆会展业、动漫游戏业、新闻出版业、现代传媒业、文化娱乐业、文化旅游业、艺术创意设计业、体育健身业、文化用品制售业等十大重点行业建成了以西柏坡红色文化实景演出、中国吴桥国际杂技艺术节、秦皇岛国家动漫产业园、河北出版传媒创意中心、河北日报数字化全媒体资讯平台、承德皇家文化休闲旅游区、中国崇礼国际滑雪文化旅游基地、曲阳国家文化产业实验园区、河北省文化创意产业园等为代表的百余家重点文化产业项目。

在2018年中国人民大学和文化部文化产业司发布的“中国省市文化产业发展指数”排名中，河北省文化产业发展综合指数入列全国前十。但与此同时，河北省在文化产业发展理念、发展水平、竞争实力等方面与先进省份仍然存在差距，重加工生产轻内生增值、重外延扩张轻创新驱动、区域发展不平衡等问题依然突出。

回顾“十三五”期间，京津冀协同发展、京张联合申办冬奥会以及“一带一路”等国家倡议的深入实施，为河北省文化产业加快发展创造了难得的机遇。同时，河北省稳增长、调结构的任务要求，让文化产业成为优化产业结构的重要抓手，为文化产业加快发展提供了新空间。其中值得一提的是，2022年冬奥会的筹办拉动了京张文化产业集群的崛起，为京津冀文化产业协同发展提供了有力支撑。

在此时期，河北省文化产业结构日趋合理，空间产业布局日益完善，文化产业综合实力显著增强，文化产业开放合作明显提升，文化产业发展生态日趋良好。在创新驱动、融合发展、区域协同、文化强县、品牌培育的发展战略下，在“十二五”时期“四带一区”的发展基础上，根据各地资源基础、产业特色、地理区位、交通条件和河北省“三区一基地”的功能定位，形成以京津冀文化产业协同发展区、冀中南文化产业转型引领区为主体，以沿海文化产业带、太行山文化产业带、长城文化产业带、大运河文化产业带为支撑的“两区四带”文化产业发展格局。

此外，这一时期，河北省文化产业的重点行业更加丰富，形成创意设计业、动漫游戏业、网络文化业、文化旅游业、演艺娱乐业、工艺美术业、出版印装业、广播影视业、节庆会展业、文化装备制造业、创意农林业等重点行业。

其间，河北省文化产业实现了结构的优化升级，开展实施了“新兴产业倍增工程”“传统产业提升工程”和“主导产业振兴工程”；加强了文化精品内容的生产，持续开展“深入生活、扎根人民”主题实践活动，扶持奖励优秀文化产品创作生产，重视创意和 IP（知识产权）的价值，建立健全知识产权保护机制，实施现代传媒建设和提升工程；推进了文化与相关产业的融合发展，牢固树立“文化＋”战略思维，改善文化产业的供给侧结构，进一步推进文化产业与科技、旅游、工业、农业、建筑、信息、体育、教育、金融等相关产业融合发展；培育了广大的文化市场主体，实施龙头文化企业打造工程、文化市场主体扶持计划等；加强了文化产业项目建设，利用创意开发、科技提升、合资合作等方式方法推动河北省文化资源优势转化为富有河北特色的文化产业项目；加快了县域文化产业发展，坚持走特色强县之路，充分挖掘县域文化资源，实施“一县一品”工程，打造县域文化品牌，深化“文化产业十强县”评选，推出了一批文化产业特色县和文化产业强县；扩大了文化消费，实施促进文化消费计划，从供、需两端发力，着力扩大有效供给，改善消费条件，营造消费环境，培育消费需求，开展文化消费试点工作；加快发展对外文化贸易，通过明确文化贸易发展重点、壮大对外文化贸易主体、打造对外文化贸易载体、搭建对外文化贸易服务平台等方式，把更多具有中国特色、河北特点的优秀文化产品和服务推向世界。

2019 年，我国发布第一份数字文化产业报告——《中国数字文化产业发展趋势研究报告》，指出我国在数字文化产业领域的优势逐步凸显。2020 年 10 月，党的十九届五中全会正式提出文化产业数字化战略。数字技术的发展为河北文化产业的发展带来了新的机遇。2021

年 3 月 29 日，河北省文化和旅游厅印发了《河北省文化产业发展规划（2021—2025）》，明确指出“京津冀协同发展、规划建设雄安新区、2022 年冬奥会举办等为我省文化产业创新跨越发展提供了独有难得的历史机遇”，“大数据、5G、VR、AR、MR 等新一代信息技术和媒体技术的发展加速了文化产业场景再造和技术变革，促发全新的内容形态、文化业态和产业生态重构，为文化产业新业态、新内容爆炸式增长提供了便捷、经济、多渠道的技术平台，为文化打破行业壁垒与其他行业融合提供了重要支撑”。

值得一提的是，自 2012 年河北省文化产业发展受到重视以来，河北省文化产业发展布局在空间上日趋合理，完成了从“四带一区”向“两区四带”的转变，逐步形成“两翼五带多区”的发展格局。其中，“两翼”指，雄安高新文化产业高地和张承冰雪文化产业高地成为拉动河北文化产业跨越发展的新两翼；“五带”指环京津文化产业带、长城文化产业带、大运河文化产业带、太行山文化产业带、沿海文化产业带；“多区”指文化产业聚集区、文化产业园区（基地）和特色文化街区。

《河北省文化产业发展规划（2021—2025）》还明确了今后一段时期河北省文化产业发展的 13 项主要任务，即全面盘活各类文化资源；充分挖掘释放文博文创产业潜力；着力加快数字文化产业发展；积极推动影视演艺娱乐产业优化布局；加快推进出版印刷产业转型升级；全力推动工艺美术产业振兴；充分发挥文化制造产业支撑作用；发展壮大文化产业市场主体；推动文化产业协同发展；推动文化科技创新发展；推动文化产业园区化发展；推动文化产业融合发展；加强文化市场体系建设。这将进一步推动河北省文化产业建设的具体落实。

按照河北省委、省政府的部署和要求，为推动新时代河北省文化和旅游产业高质量发展，2021 年 10 月 14 日，河北省人民政府办公厅印发了由河北省文化和旅游厅编制的《河北省文化和旅游发展“十四五”规划》，着力构建“一体两翼六带”的文化和旅游产业发展空间布局。“一体”即京津冀文化和旅游发展协同体；“两翼”即以雄安新区为核心的南翼，以张北地区为核心的北翼；“六带”即环京津文化和旅游带、长城文化和旅游带、大运河文化和旅游带、太行山文化和旅游带、沿渤海文化和旅游带、坝上草原文化和旅游带。

此外，值得注意的是，尽管河北省是文化资源大省，但由于地理位置独特、地形丰富等原因，单纯依靠文化资源的开发难以实现数字时代的转型，因此需不断谋求文化产业类型的丰富，积极借助科技力量实现省内文化产业的跨区域融合与发展。

2012 年以来河北省各时期文化产业发展规划文件及总体布局如表 2 所示。

表 2　2012 年以来河北省各时期文化产业发展规划文件及总体布局

发布时间	文件名称	总体布局	特点
2013 年 11 月 19 日	《河北省文化产业发展“十二五”规划》	“四带一区”： “四带”：环首都文化产业带、沿海文化产业带、太行山文化产业带、塞上草原民族风情文化产业带 “一区”：冀中南文化产业聚集区	区域化建设
2016 年 6 月 27 日	《河北省文化产业发展“十三五”规划》	“两区四带”： “两区”：京津冀文化产业协同发展区和冀中南文化产业转型引领区 “四带”：沿海文化产业带、太行山文化产业带、长城文化产业带、大运河文化产业带	区域融合

续表

发布时间	文件名称	总体布局	特点
2021 年 3 月 29 日	《河北省文化产业发展规划（2021—2025）》	“两翼五带多区”： “两翼”：雄安高新文化产业高地和张承冰雪文化产业高地； “五带”：环京津文化产业带、长城文化产业带、大运河文化产业带、太行山文化产业带、沿海文化产业带； “多区”：文化产业聚集区、文化产业园区（基地）、特色文化街区	重大项目带动区域协同
2021 年 10 月 14 日	《河北省文化和旅游发展“十四五”规划》	“一体两翼六带”： “一体”：京津冀文化和旅游发展协同体 “两翼”：以雄安新区为核心的南翼和以张北地区为核心的北翼 “六带”：环京津文化和旅游带、长城文化和旅游带、大运河文化和旅游带、太行山文化和旅游带、沿渤海文化和旅游带、坝上草原文化和旅游带	全域联动、城乡一体、文旅融合、均衡协调

二、数字经济时代河北省文化产业的基本内涵

数字技术赋能河北省文化产业的发展，是在充分理解国家文化战略的前提下，坚持“文化＋科技”的基本原则，以科技进步为导向，以文化产业转型为主要目的，厘清数字经济时代河北省文化产业发展的布局。

2012 年以来，河北省为贯彻落实中央和省委关于推进文化与科技融合发展的重大部署，紧紧抓住“融合发展”这一关键，注重运用现代科技改造提升传统文化产业，用科技和创意培育打造新兴文化产

业，文化产业转型升级速度加快，催生出了一些新的文化业态，促进了产业集群的形成。

首先，发挥环绕首都文化科技高地的区位优势，着力提高文化科技创新能力。河北省坚持以企业为主体，以园区为平台，以项目为载体，以历史文化为基础，完成了传统文化产业改造提升工程、新兴文化业态培育工程、文化事业服务能力提升工程、文化科技企业壮大工程、文化科技基地打造工程、文化科技合作平台建设工程、文化科技人才聚集工程。

其次，推进高新技术在传统优势行业的应用，促进文化产业转型升级。例如，重点扶持和引导民营文化企业通过现代科技手段加快改造提升步伐，提高了陶瓷、雕刻、乐器、剪纸、内画等传统工艺品科技含量，加大了对武强乐器等一批工艺品技术改造力度。

再次，河北省还以信息技术为基础，推动形成新兴业态。运用云计算、大数据、虚拟现实等新兴技术推动文化创意产业高端化发展，催生出服务型制造、健康医疗、电子商务和现代物流等新兴业态。例如，河北日报报业集团“云端河北”信息服务平台等科技项目的实施，进一步提升了河北的文化传播力。

近年来，大数据、5G、VR（虚拟现实）、AR（增强现实）、MR（混合现实）等新一代信息技术和媒体技术的发展加速了文化产业场景再造和技术变革，促发全新的内容形态、文化业态和产业生态重构，为文化产业新业态、新内容爆炸式增长提供了便捷、经济、多渠道的技术平台，为文化打破行业壁垒与其他行业融合提供了重要支撑，将有力推动河北省文化产业的转型升级。

三、数字经济时代河北省文化产业的外延特征

（一）“文化＋科技”

2016年7月8日发布的《河北省科技创新“十三五”规划》指出，河北要积极推进生产服务业与制造企业融合创新，利用“互联网＋”等创新技术手段全方位、多手段改造提升生产服务业。大力发展“互联网＋商贸物流”，积极发展智慧物流，引领商贸流通提档升级，为建设全国重要现代商贸物流基地提供科技支撑；充分利用京津冀协同发展机遇，加快软件、数据服务等信息服务业创新发展，推进文化创意产业技术、模式、业态、组织创新，促进文化强省建设，整合各类资源，推进市场化改革，通过引进、并购、联合等途径，促进专业服务业做大做强。

数字经济时代，河北省文化产业“文化＋科技”主要在五个方面着力：

1. 七大工程提升文化产业创新能力

围绕着《国家“十二五”时期文化改革发展规划纲要》和《国家文化科技创新工程纲要》两个重要文件，河北省在深入分析本省文化产业发展的现状和文化产业发展对科技的重大需求的基础上，以省委、省政府两办文件形式印发了《关于加快推进文化与科技融合发展的实施意见》。同时，在《河北省科技创新“十三五”规划》中，文化与科技融合作为一项重要内容被提出。

近年来，河北省以企业为主体，以项目为支撑，着力实施了传统文化产业改造提升、新兴文化业态培育、文化事业服务能力提升、文

化科技企业壮大、文化科技基地打造、文化科技合作平台建设、文化科技人才聚集七大工程，使河北省文化产业的自主创新能力和产业核心竞争力得以提升。

2. 强化技术攻关，加快科技、文化融合步伐

河北省科技企业不断加强关键技术攻关，一批文化创新重点科技项目取得重要研究成果，形成专利或软件著作权30多项，研发文化新产品20多项。与此同时，3个文化科技项目成功列入国家科技支撑计划；实施了“数字出版物网络阅读系统研发及应用示范”和“特色文化创意产品关键技术研究及示范应用”项目，技术达到国内领先水平，在突破行业共性技术方面取得了一定成效。

3. 发展文化、科技融合示范企业

为将全省文化科技创新工程引向深入，河北省科技厅组织开展了省文化科技融合示范企业认定工作。河北百年巧匠手工艺品股份有限公司、河北省曲阳定瓷有限责任公司等39家示范企业被确定为省文化科技融合示范企业。

此外，河北省还实施科技型中小企业成长计划，培育文化创意类科技型中小企业3000多家；实施高新技术企业培育工程，目前全省文化类高新技术企业已达162家，享受国家高新技术企业税收优惠政策。

4. 建设文化科技产业基地

依托高新区、经济技术开发区等各类产业园区，河北省加强项目、资金和平台支持，大力培育区域文化科技产业基地。其中，大厂高新区整合产业、政策、金融、人力资源四大平台，建设了移动游戏产业基地；秦皇岛开发区与中国动漫集团有限公司合作，建设了动漫游戏产业基地。

值得一提的是，2014年承德市被列为全国第二批国家级文化和科

技融合示范基地。该市立足其丰富的文化旅游、传统民俗文化和皇家文化资源，加强京津冀协同创新，培育了一批文化特色鲜明、产业关联度大、技术水平高、创新能力强的文化类科技型企业。

5. 建设众创服务平台，推动文化领域创新创业

围绕科技人员创新创业和文化创意产业发展，河北省大力推动众创空间、科技企业孵化器等创新创业服务平台建设。目前，河北省聚集和发展了一大批文化传媒、互联网教育、动漫设计、影视制作、广告创意类创新创业团队和中小微企业。其中，依托廊坊壹佰众创空间建设的廊坊文化创意产业孵化基地，形成创新团队＋平台＋智库＋资本的良性循环的创业生态圈，已成为集公共文化中心、文化生活中心和文化创意中心于一体的文化社交中心，共培育文化创意类科技型中小企业 100 多家。

河北省不断推进科技创新工作，加快提高全社会研发投入水平，建立科技人才资源竞争优势，提升关键核心技术供给能力，提升科技成果转化效能，建设高端科技创新平台，提升企业创新能力，打造开发区创新高地，拓展科技开放合作新渠道，构建科技创新综合服务体系。在《河北省科技创新“十四五”规划》中，明确提出：“‘十四五’时期，京津冀协同发展、雄安新区建设、冬奥会筹办等重大国家战略和国家大事深入实施，中国（河北）自由贸易试验区、北京大兴国际机场临空经济区等重大平台加快建设，将推动更多京津优质创新资源向河北疏解，我省应抢抓重大国家战略机遇，发挥区位优势，在对接京津中加速提升自主创新能力，打造京津冀区域创新发展新高地。”“重点推动石家庄、承德、张家口、秦皇岛、廊坊、雄安新区等地开展大数据产业技术应用示范，打造石家庄正定、张家口怀来等数字经济产业园区技术创新高地，形成数字技术在智能制造、生物医

药、文化旅游、软件与信息服务等领域的创新应用。”

（二）“文化＋旅游”

2009年，我国文化部和国家旅游局发布了《关于促进文化与旅游结合发展的指导意见》，提出：“文化是旅游的灵魂，旅游是文化的重要载体。加强文化和旅游的深度结合，有助于推进文化体制改革，加快文化产业发展，促进旅游产业转型升级，满足人民群众的消费需求；有助于推动中华文化遗产的传承保护，扩大中华文化的影响，提升国家软实力，促进社会和谐发展。各地要从构建社会主义和谐社会的高度，以‘树形象、提品质、增效益’为目标，采取积极措施加强文化与旅游结合，切实推动社会主义文化大发展大繁荣。”这为当时文化与旅游两个产业的融合提出了相应指导。

从历史上来看，河北省属于燕赵地区，具有深厚的文化底蕴和丰富的旅游资源，文化产业和旅游产业都有良好的物质基础，加强旅游与文化深度结合的研究，对于促进两大产业融合升级，拉动内需、带动就业、推动第三产业乃至地区经济社会发展，具有重大的意义。

2021年10月14日，《河北省文化和旅游发展“十四五”规划》提出：“十四五”时期是我国全面建成小康社会后，开启全面建设社会主义现代化国家新征程的第一个五年，是全面建设新时代经济强省、美丽河北的关键五年，也是推动文化和旅游高质量发展、加快实现文化强省和旅游强省跨越发展的五年。特别是京津冀协同发展、雄安新区规划建设、2022年北京冬奥会筹办等重大国家战略和国家大事，给河北文化和旅游发展带来千载难逢的历史机遇，科学编制并有效实施文化和旅游发展“十四五”规划，对于全面建设文化强省和旅游强省意义重大。

“十四五”时期，与文化产业发展总体布局相对应，河北省在数字经济文化建设方面重点培育环京津文化和旅游带、长城文化和旅游带、大运河文化和旅游带、太行山文化和旅游带、沿渤海文化和旅游带、坝上草原文化和旅游带。其中，环京津文化和旅游带以张家口、承德、保定、廊坊为主体，辐射唐山、沧州等部分地区，对接京津文化生产和休闲旅游需求，重点发展数字文化、影视娱乐、生态旅游、城市旅游，建设京津冀文化和旅游协同发展先行区；长城文化和旅游带以承德、张家口、秦皇岛、唐山、保定等为重点区域，实施长城国家文化公园保护传承、研究发掘、环境配套、文旅融合、数字再现等五大工程，发展文化体验、生态休闲、康养度假、科普研学、演艺娱乐等业态，建设具有河北特色的长城国家文化公园文旅融合示范带；大运河文化和旅游带以廊坊、沧州、衡水、邢台、邯郸、雄安新区段为重点区域，积极推动大运河河北段通水通航，发挥河北运河旅游通航带动作用，重点发展创意设计、武术杂技、非遗展演、影视出版等产业，打造“千年运河”文化品牌和休闲旅游带；太行山文化和旅游带以张家口、保定、石家庄、邢台、邯郸为重点区域，整合红色文化、民俗文化等多元文化类型，传承弘扬“太行精神”，做大红色旅游、文化休闲、生态观光、山地度假等业态，推进太行红河谷、滏泉湖度假区等重点项目建设，打造文化特色鲜明的综合型文化和旅游带；沿渤海文化和旅游带以秦皇岛、唐山、沧州为重点区域，以工业文明和海洋文明为重点，培育邮轮游艇、滨海温泉、康体疗养、葡萄酒庄等旅游业态，发展工业文创、会议会展、创意设计、动漫游戏等文化产业，建设文化和旅游国际开放口岸，打造国际知名滨海文化和旅游发展带；坝上草原文化和旅游带以张家口、承德为重点，依托张承坝上地区良好的生态环境，突出农耕文明与草原文明碰撞交流的特征，打造草原文化体验地、生态避暑旅游胜地。

此外，2022 年 6 月 2 日，河北省文化和旅游厅发布《关于促进文化产业和旅游业恢复发展的八条政策措施》（以下简称《措施》），指出：对重点文化和旅游项目进行“贷款贴息”；对重点文化和旅游单位实施“以奖代补”；减轻旅行社经营负担；支持旅游演艺企业发展；支持文创企业发展；支持文化和旅游企业拓展业务；加大金融支持力度；加强土地要素保障。该《措施》的出台旨在坚持减压力和增活力相结合，统筹降本和增效，兼顾当前纾困和长远发展，有力支持文化和旅游市场主体克服困难、改善经营状况，进一步提振广大从业者信心，全力稳住行业发展基本盘，加快推动文化产业和旅游业高质量发展。

四、数字经济时代研究河北省文化产业的意蕴

百年未有之大变局下，世界经济形势日益复杂，全球文化交流日益频繁。同时，新一轮的科技革命和产业革命的深入发展也让人类命运共同体理念深入人心，国际格局正在发生深刻调整，经济全球化、政治多极化趋势不可阻挡。文化建设一方面在深化对外开放、展示国家形象、提高综合国力上发挥着重要作用，另一方面又是抵御外来文化入侵、增强文化自信和民族凝聚力、维护国家安全不可忽视的力量。

从国内看，我国进入全面建设社会主义现代化国家新征程，高质量发展成为国家发展的核心问题，创新摆上现代化建设全局的核心地位，新一轮科技革命步伐加快，引领文化和旅游产业体系不断优化，为文化赋能、旅游带动提供发展新空间和新热点。文化产业既是拉动

内需、繁荣市场、扩大就业、激活国内大循环的重要内容，也是畅通国内、国际双循环的重要纽带。

从河北省内看，河北省正处于经济社会转型的关键期，面临着产业体系变革、建设文化强省等重大任务。河北省委九届十一次、十二次全会提出文化强省战略，赋予文化和旅游工作新的时代内涵和目标任务，对河北省文化和旅游发展给予更大支持，提出更高要求。此外，京津冀协同发展纵深推进，雄安新区大规模建设，冬奥效应持续显现，以及国家文化公园、中国（河北）自由贸易试验区和北京大兴国际机场临空经济区建设等重大战略的实施，为河北省文化和旅游业高质量发展提供了强大支撑。但与此同时，河北省文化产业发展仍存在较多问题，与文化强省目标存在着较大差距：首先，河北省文化产业基础比较薄弱，旅游产业结构不够合理，缺少竞争力强的重大项目和产业集群，发展不平衡、不充分的矛盾比较突出。其次，河北省文化和旅游融合度不高，制约文化和旅游融合发展的体制机制障碍依然存在。再次，河北省科技和创新能力不强，文化和旅游智慧化水平不高，与高质量发展要求存在差距。最后，河北省人才队伍基础与跨越发展的要求不相适应，文化和旅游行业高端人才短缺，人才服务保障体系不够完善。

综合来看，河北省文化产业仍处于难得的历史性窗口期和战略性机遇期，在这一条件下开展研究，一方面意在充分把握新阶段、新理念、新格局变化，立足实际，以深化文化和旅游、科技融合拓展的新空间，推动创新发展催生新动能，有助全面深化改革激发新活力。另一方面有利于为河北省加快经济发展转型升级、跨越发展的步伐，努力开创文化产业锐意发展新局面提供思路。

第三章　数字经济时代河北省文化产业的整体布局与现实困境

河北省是文化资源大省，历史悠久，拥有丰富的文化资源。数字经济时代背景下，河北省具有一定的发展文化产业的优势，而对于怎样利用好如此丰富的文化资源，促进数字文化产业长期发展，增强区域竞争力，推进产业转型升级，需要对数字经济时代河北省文化产业的整体布局进行分析。我们主要从政策法规、遗产保护、文化资源开发等三方面入手进行分析。

一、数字经济时代河北省文化产业的整体布局

精准有力的政策支持对于文化产业的发展起到了至关重要的作用，数字经济时代，市场广阔且变化迅速，无论是人才还是企业都需要相应的政策来保驾护航。为此，不论是国家层面还是地方政府都相应地制定了一系列政策来帮助文化企业以及相关人才来适应数字经济时代的新要求。

（一）政策法规

1. 国家层面

近年来，为了迎接数字时代到来所带来的种种挑战，我国多个部门接连发布了有益于数字文化产业持续发展的政策。国务院于 2016 年 11 月 29 日出台的《“十三五”国家战略性新兴产业发展规划》中指出：创意经济作为一种新的发展模式，正在迅速地兴起，出现了数字技术与文化创意和设计服务的深度融合，数字创意产业作为智力密集型产业第一次进入国家战略性新兴产业发展规划。① 原文化部于 2017 年 4 月 11 日发布《关于推动数字文化产业创新发展的指导意见》，第一次提出了“数字文化产业”的概念，这也是首次从国家层面对数字文化产业发展进行宏观指导。② 国务院于 2018 年制定了《完善促进消费体制机制实施方案（2018—2020 年）》，重点指出要发展网络文学、数字影音、动漫游戏等数字文化产业内容。国务院办公厅于 2019 年在《关于进一步激发文化和旅游消费潜力的意见》中提出要促进文化、旅游与现代技术的融合发展，实现基于虚拟现实、人工智能、增强现实、5G、超高清等技术的新型沉浸式、体验式文化和旅游消费内容的持续发展。③ 2019 年 8 月 13 日，科技部、中央宣传部、中央网信办、财政部、文化和旅游部、广电总局六大部门联合发布了《关于促进文化和科技深度融合的指导意见》，强调 2025 年时要基本形成覆盖重点领域和关键环节的文化和科技融合创新体系，实现文化和科技深度融

---

① 张伟、吴晶琦：《数字文化产业新业态及发展趋势》，《深圳大学学报》（人文社会科学版）2022 年第 1 期。

② 陈东、张静：《推动数字文化产业高质量发展》，《中国国情国力》2021 年第 6 期。

③ 张瑜：《数字化：文旅产业融合发展的新方向》，《现代职业教育》2021 年第 1 期。

合。2020 年 7 月 14 日，市场监管总局、国家发改委、教育部、文化和旅游部等 13 个部门印发《关于支持新业态新模式健康发展激活消费市场带动扩大就业的意见》，提出依托国家数据共享和开放平台体系，把支持线上线下融合的新业态、新模式作为经济转型和促进改革创新的重要突破口。文件提出支持 15 种新业态、新模式发展，其中包括在线教育、产业平台化发展、传统企业数字化转型等一系列与文化产业相关的新业态和新模式。2020 年 10 月 29 日，中国共产党第十九届中央委员会第五次全体会议审议通过的《中共中央关于制定国民经济和社会发展第十四个五年规划和二〇三五年远景目标的建议》中强调，要实施文化产业数字化战略，加快发展新型文化企业、文化业态、文化消费模式。

文化和旅游部于 2020 年 11 月 18 日发布了《关于推动数字文化产业高质量发展的意见》，提出要加强文化产业与数字经济和实体经济深度融合，实施文化产业数字化战略，推动数字文化产业实现高质量发展。文化和旅游部于 2021 年 4 月 29 日发布了关于印发《“十四五”文化和旅游发展规划》的通知，提出要完善文化产业规划和政策，扩大优质文化产品供给，实施文化产业数字化战略，加快发展新型文化企业、文化业态、文化消费模式，不断健全结构合理、门类齐全、科技含量高、富有创意、竞争力强的现代文化产业体系。同年 5 月 6 日，文化和旅游部发布了《“十四五”文化产业发展规划》，提出要顺应数字产业化和产业数字化发展趋势，深度应用 5G、大数据、云计算、人工智能、超高清、物联网、虚拟现实、增强现实等技术，推动数字文化产业高质量发展，培育壮大线上演播、数字创意、数字艺术、数字娱乐、沉浸式体验等新型文化业态。中共中央办公厅、国务院办公厅在 2022 年 8 月 16 日印发的《“十四五”文化发展规划》中指出，加快文化产业数字化布局，要推动科技赋能文化产业，把先进科技作为文化产业发展的战略支撑，建立健全文化、科技融合创新体系。加强制约文化产业发展的共性关键技术研发，在影院放映、影视摄录、电影特效、高清制播、舞台演艺、智能印刷等高端文化装备技术领域突破技术瓶颈。实施出版融合发展、电影制作提升、印刷智能制造、大视听产业链建设等工程项目，引导和鼓励文化企业运用大数据、5G、云计算、人工智能、区块链、超高清等新技术，改造提升产业链，促进内容生产和传播手段现代化，重塑文化发展模式。

2. 河北层面

河北省政府十分重视数字经济时代文化产业的发展进步，近几年来，在省委、省政府以及地方各级机关和文化产业相关部门的共同努力下，河北省持续深化文化产业体制改革，致力于创设完善优良的发展环境，帮助文化企业适应数字经济时代给文化产业带来的新要求，出台了一系列助力数字文化产业发展进步的法律法规和政策。2016 年 2 月 29 日，河北省人民政府发布的《关于积极发挥新消费引领作用加快培育形成新供给新动力的实施意见》中提出：要积极拓展动漫游戏、创意设计、网络文化、数字内容等新兴文化产业及传统文化消费升级领域。加快中国石家庄动漫衍生产品交易集散中心建设，提升消费类行业新产品设计和研发能力，推动传统文化与现代时尚融合发展，加快文化产品生产、传播、消费的数字化、网络化进程。2016 年 9 月，河北省委办公厅、河北省政府办公厅印发《关于推动全省文化产业加快发展的若干意见》，指出要营造政策环境，强化人才支撑，培育壮大文化企业，谋划推进一批投资规模大、发展前景好、有竞争优势和市场潜力的大项目、好项目，推动县域文化产业发展，深化文化与科技、旅游、工业、农业等相关产业融合发展，加大文化招商力度，搭建资本运作平台。力争到2020年全省文化产业增加值占生产总值的比重超过5%，文化产业成为经济支柱性产业。① 为了这个目标的实现，近几年来各级有关部门相互配合、密切协调，使得河北省文化产业的竞争力与整体实力得到极大的加强，对社会发展与经济的贡献继续增大，在稳增长、转方式、调结构、促改革、惠民生等方面发挥了极大的示范作用。目前，文化产业已经成为推动河北省经济发展的重要力量。

2017年，河北省政府办公厅印发的《河北省人民政府办公厅关于进一步扩大旅游文化体育健康养老教育培训等领域消费的实施意见》指出：要发展壮大数字创意产业。制订《河北省数字文化产业发展实施意见》，培育一批社会效益和经济效益突出、具有较强创新能力和竞争力的数字文化领军企业，打造一批各具特色、有核心竞争力的创新型中小微数字文化企业，构建传输便捷、覆盖广泛的数字文化传播体系。深入实施“互联网＋文化”发展战略。强化物联网、大数据、云计算等数字技术对文化产业的支撑，丰富数字文化内容和形式，创新数字文化技术和装备。2020年4月19日，河北省人民政府发布《河北省数字经济发展规划（2020—2025年）》，提出：大力发展数字文化创意服务。充分挖掘河北省优秀文化资源，支持发展动画动漫、网络游戏、数字化内容制作等数字服务创意，打造特色鲜明的燕赵数字文化创意产品。积极承接北京产业转移，建立一批省级数字文化创意试验区。实施文化共享工程，完善文化惠民消费信息平台功能，搭建文化项目线上线下推广、展示、销售平台。支持融媒体中心建设，完善载体多样、覆盖广泛的互联网媒体传播体系。支持承德避暑山

① 李一凡：《河北省文化产业人才培养过程中的需求、问题与对策》，《经济论坛》2020年第9期。

庄、直隶总督署等历史文化遗产及文物的数字化影像建设，推进曲阳定瓷、衡水内画、唐山皮影等传统工艺与人工智能、大数据等深度融合。2021 年，河北省文化和旅游厅印发的《河北省文化产业发展规划（2021—2025）》中指出：要重视科学技术发展。大数据、5G、VR、AR、MR 等新一代信息技术和媒体技术的发展加速了文化产业场景再造和技术变革，促发全新的内容形态、文化业态和产业生态重构，为文化产业新业态、新内容爆炸式增长提供了便捷、经济、多渠道的技术平台，为文化打破行业壁垒与其他行业融合提供了重要支撑，将有力推动河北省文化产业转型升级。① 同时，提出“十四五”时期产业发展重点为遵循产业发展规律，瞄准产业发展趋势，立足河北省优势文化资源和产业基础，坚持重点带动、全面推进，构建特色鲜明、优势突出、科技含量高、竞争力强的现代文化产业体系，优先推动文博文创、数字文化、影视演艺、出版印刷、工艺美术、文化制造等六大门类文化产业快速发展。同年 10 月 14 日，河北省人民政府办公厅发布《河北省文化和旅游发展“十四五”规划》，提出：加快发展数字文化产业。推动新一代信息技术在文化创作、生产、传播、消费等各环节的应用，推进“上云用数赋智”。推动数字文化装备产业发展，支持石家庄、唐山、保定等地发展可穿戴设备、感知终端等产业。加快发展动漫游戏业，做强石家庄、廊坊、邯郸等动漫产业基地。着力发展数字传媒业，加强数字内容创作生产，积极发展云演艺、云展览等新业态。推动数字艺术重点领域和场景的应用创新，发展沉浸式文化体验项目。到 2025 年，培育一批原创产品品牌、数字文化网络传播平台和数字艺术示范体验场景。

---

① 孙静、王佳宁：《大运河文化带文化产业发展的省际比较与提升路径》，《财经问题研究》2020 年第 7 期。

近几年来，政府和各级机关以及相关部门因地制宜，结合河北省文化产业发展实际情况以及数字经济的发展趋势，相继出台多项政策，并采取多项措施帮助文化企业以及文化人才适应数字经济时代对于文化产业的新要求，助推河北省文化产业以及相关产业人才的正向发展。在政府和相关部门的大力支持与投入下，文化部门以及相关机构认真学习和贯彻中央有关精神，具体问题具体分析，因地制宜，根据数字经济时代的新要求制定了一系列符合河北省文化产业发展的政策，促进了数字经济时代文化产业发展与进步，也使得河北省文化产业在新形势、新业态下呈现全面发展、向上向好的良好发展态势。

（二）遗产保护方面

河北省历史悠久、地域广阔，从古至今各类名人层出不穷。河北省所在地华北地区也是华夏文明发祥地，拥有不论是在种类上还是在数量上都十分可观的文化资源。从文物古迹、遗产点、非物质文化遗产数量等方面来看，河北都是当之无愧的文化资源大省。目前，河北省拥有全国重点文物保护单位 291 处，居全国第三；省级以上文物保护单位 963 处。除此以外，还有 163 个项目被列入国家级非物质文化遗产名录，总数居全国前列。丰富的文化遗产，是河北省的核心文化资产，是促进河北省现代文化产业以及相关产业发展的独特优势所在。河北省在文化遗产保护方面投入了大量的资金，遵循“保护、传承、利用”的原则，将文化遗产产业化作为遗产保护的终端，利用数字经济提高发展水平。河北省文化遗产保护主要包括三方面，即文物古迹、遗产点和非物质文化遗产保护。

1. 文物古迹

河北省历史悠久，文物古迹十分丰富且具有历史、艺术、科学价值。西柏坡是著名的五大革命圣地之一，曾为中共中央所在地，新中国从这里走出来。天下第一关——山海关为长城东部的第一个关口，属于明长城的一部分，是明长城与大海唯一交汇的地方，由于其北依燕山、南临渤海而得名为山海关。它承载着中华民族的精神文脉，体现着古人的智慧，见证了历史的发展与演变，具有历史、艺术、科学多重价值。清东陵是中国最后一个封建王朝清朝的皇家陵墓群，是我国现存规模最大、体系最完整的古代帝陵建筑群。赵州桥为隋代工匠李春设计的世界上现存年代久远、跨度最大、保存最完整的单孔坦弧敞肩石拱桥。承德避暑山庄为清代皇帝夏季避暑、处理政务的场所，山水皆备，山中有园，园中有山，景色优美，文化底蕴深厚，是我国现存占地面积最大的古代帝王宫苑。

河北省拥有众多诸如此类的文物古迹，且各地区都十分重视文物古迹的保护，如秦皇岛市以国家投资 2 亿元进行山海关长城保护工程为着手点，本市投资 30 多亿元开展山海关古城恢复工程，继承、发扬长城文化，促进山海关城市建设快速发展；石家庄市以西柏坡国家机关旧址恢复工程为着手点，投资上千亿元进行大西柏坡红色文化发祥地建设，在继承发扬西柏坡精神的同时使西柏坡成为全国红色文化最佳旅游地。

近年来，河北省各地区都在文物古迹保护以及开发工作中做出了不同程度的努力，但是保护措施相对传统，基本上以出台相关政策和投入大量资金支持文物古迹修复为主，保护方式以修缮和旅游开发为主，未抓住数字经济时代的发展机遇。河北省应创新保护方式，通过各种技术与手段培养民众树立保护文物古迹的意识，调动社会上各种力量，吸引民众、机构、企业参与保护工作，提高文物古迹保护的技术水平。

2. 遗产点

河北省是文化资源大省，广阔的地域与悠久的历史使得河北省拥有丰富的文化遗产。位于河北的世界文化遗产有长城、清东陵、清西陵、承德避暑山庄及周边庙宇、大运河等。遗产点的发展与旅游业的发展密不可分，近几年，河北省不断加强遗产点保护，不断取得新成效。河北省大力发展“文化+”“旅游+”“文旅+”，推动遗产点文化融入旅游六要素全过程，同时在文、旅结合的同时注重遗产点的保护，始终将保护放在第一位，并顺应时代发展，积极开拓新思路，运用新科技，采用新方法，通过网络直播、微信公众号、微博等对遗产点进行宣传，增强公众保护意识，提高遗产点知名度，促进遗产点的数字化发展。

3. 非物质文化遗产

河北本身就是华夏文明的重要发祥地之一，上千年的历史沉淀使得河北地区形成了独具特色的地域文化和丰富的非遗文化。河北非物质文化遗产资源丰富、种类繁多，涉及方方面面，包括体育竞技、民间技艺等，具有代表性的如康保二人台、蔚县剪纸、唐山皮影、吴桥杂技、武强年画、井陉拉花、沧州武术、河北鼓吹乐、河北梆子等，这些非物质文化遗产都是河北文化的精髓和灵魂，凝聚着河北百姓对世间万事万物的理解和感受，对国内外的影响力都非常大。这些具有典型河北特色的非物质文化遗产，是展示燕赵文化的平台，更是传承中华文明的瑰宝。① 随着城市化进程的加快和文化内容的飞速更新，在新的文化环境下，非物质文化遗产的传承受到猛烈冲击。究其主要原因是，传统的传承方式主要是借助文字和影像记录，储存不便，记

---

① 安定明、李海旭：《河北省非物质文化遗产保护的长效机制研究》，《经济研究导刊》2021年第12期。

录的方式较落后、缺乏系统性、不够多样化。① 为了更好地保护非物质文化遗产，使其能够继续发扬和传承下去，河北省陆续出台了《河北省人民政府关于加强文化遗产保护的实施意见》等文件，并在全国率先成立了具有独立建制的非遗保护中心。然而，仅仅依靠政府的保护是远远不够的，由于公众的保护意识淡薄，大量依靠口头传授和行为传承的非物质文化遗产仍然在不断消失、濒临灭绝；部分珍贵的实物与资料由于保存不善而流失海外；还出现了为获得一时利益，过度开发非物质文化遗产的行为；还有一大部分非物质文化遗产由于找不到传承人而濒临消失。因此，当前急需通过建章立法的形式给予这些珍贵的非物质文化遗产足够的社会地位，并通过政策性的扶持，对其进行抢救性的保护与开发。

除制定政策帮助非物质文化遗产寻找传承人、创设良好传承环境外，利用当前先进的技术保护非物质文化遗产也是行之有效的办法。随着数字经济时代的到来，互联网技术不断成熟，利用数字技术对非物质文化遗产进行保护的方式进入了人们的视野。② 数字技术具有高效、便捷、生动等特点，有效地利用数字技术可以更加高效地保护、传承非物质文化遗产，使其重新焕发活力。而且，这样的做法也在一些率先进行实验的地方取得了一定的成效。在国家政策的号召下，各地区加大资金投入，积极促进地方非物质文化遗产数字化，通过数字技术深入挖掘非物质文化遗产的核心内涵，继承并发扬其精髓，大力促进非物质文化遗产的保护、传承与发扬，为地方非物质文化遗产的创新传承带来了更多的可能性。其中，第一批非物质文化遗产数字化

① 马宏娇、倪子淇、李赛、宓胜杰：《河北非遗数字化公益平台建设》，《山西青年》2018 年第 12 期。

② 李萍：《互联网时代商业模式创新的经济学分析》，《厦门特区党校学报》2017 年第 1 期。

的试点城市皆建立了非物质文化遗产数字库、非物质文化遗产博物馆等，开发非物质文化遗产数字化产品，使得非物质文化遗产数字化成为一种新趋势。最具有代表性的包括故宫博物院的“数字故宫”、南京非遗数字博物馆和“数字敦煌”等，这些 APP（应用程序）的开发与利用对非物质文化遗产的传承起到了积极作用，这也是河北省进行非物质文化遗产数字化应该借鉴的。①

利用现代科技进行非物质文化遗产的传承与发展，可以利用 VR、AR、3D（三维）建模等各种数字技术，创新展现形式和保护手段，挖掘非物质文化遗产背后深层次的历史、艺术、文化、社会价值。因地制宜、有针对性地将非物质文化遗产与数字技术相结合，能够极大地提高非物质文化遗产的传播力和影响力。各种非遗文化宣传 APP、展馆中的 VR 体验等受到公众欢迎的成功案例证明了这一方式的有效性。

非物质文化遗产传承的一个重要因素就是传承人，数字经济时代为非遗传承人的培养与传承条件的改善提供了一定的便利。直播和短视频平台的兴起，为非遗传承人提供了展示的平台，也让更多的人了解了各种非物质文化遗产，调动了公众对非遗传承与保护的积极性。另外，传承人通过视频和直播的形式向公众分享非物质文化遗产的制作技艺，配以专业的讲解，加上实时互动，为观众带来沉浸式体验，扩大了非物质文化遗产的传播范围。河北省部分表演类、制作类非物质文化遗产，如康保二人台、唐山皮影、武强年画等，皆可以通过这种形式扩大传播面，引起公众注意。

非物质文化遗产数字化工程的推进，使得河北省非物质文化遗产

---

① 霍俊燕、郭文娟：《城市文化在公共交通视觉导向设计中的应用——以河北省城市为例》，《美术教育研究》2019 年第 22 期。

得以更好地传承推广，将河北省丰富的非物质文化遗产的影响扩散开来，提高了公众的艺术鉴赏能力和创新能力，提升了文化自豪感，可以在全省营造出良好的文化氛围，构建了区域文化优势，促进了社会的和谐发展，使河北向全国文化大省迈进。

（三）文化资源开发方面

河北省是当之无愧的文化资源大省，并且河北环抱京津地区，交通发达，消费市场广阔，劳动力资源充裕，进行文化资源开发的条件较好，且文化产业投资成本也较低。目前，河北省的文化资源可分为以下几部分。

1. 独具特色的河北人文精神

河北省自古以来被称为燕赵大地，燕赵文化既是河北的文化名片和文化符号，也是中华民族光辉灿烂文化宝库中的重要组成部分。“胡服骑射”的改革进取精神、“慷慨悲歌”的豪迈侠义精神、“民贵君轻、社稷为重”的执政理念、“士为知己者死”的感恩意识、以“两个务必”为核心的西柏坡精神等都影响着当代河北人文精神的塑造。

2. 历史悠久的宗教文化资源

河北境内宗教文化资源丰富。隋唐时期，义玄禅师于正定县临济寺创立了闻名于世的“临济宗”。赵州和尚从谂于赵县柏林禅寺开创的“赵州禅”，也在佛教界占有重要地位。位于南宫市的普彤寺为河北乃至全国最早的寺庙，建寺时间比号称“中国第一寺”的洛阳白马寺还早1年。位于石家庄正定县的隆兴寺（俗称大佛寺），是我国保存时代较早、规模较大且保存完整的佛教寺院之一，以铜铸千手千眼观音为代表的“四绝”更是令人叹为观止。位于唐山市玉田县的净觉寺，享有“京东第一寺”的美誉，其精美的建筑结构、浓艳的彩绘雕刻使人过目不忘，具有很高的历史价值、艺术价值和科学价值。

3. 种类繁多的物质文化资源

目前，河北省拥有 291 处全国重点文物保护单位，963 处省级文物保护单位；拥有正定、保定、承德、邯郸、山海关、蔚县 6 座国家历史文化名城；拥有邢台、赵县、定州、涿州、宣化、大名 6 座省级历史文化名城；拥有长城、承德避暑山庄及周围寺庙、清代皇家陵寝（清东陵、清西陵）、大运河 4 项世界文化遗产。河北是长城途经距离最长的省份。河北段长城保存最完好、建筑风格最具代表性，长度 2000 多公里，老龙头、山海关等均在河北境内。承德避暑山庄是我国现存最大的皇家园林，其周围的外八庙是我国现存最大的皇家寺庙群。清东陵是我国现存规模最宏大、体系最完整、布局最得体的帝王陵墓建筑群。清西陵是现存规模宏大、保存最完整、陵寝建筑类型最齐全的古代皇室陵墓群。

4. 花样繁多的非物质文化遗产

河北省拥有 163 项国家级非物质文化遗产，891 项省级非物质文化遗产。其中，丰宁剪纸和蔚县剪纸被列为世界非物质文化遗产，河北梆子、武强年画、沧州武术、吴桥杂技、衡水内画、唐山皮影等被列为国家级非物质文化遗产。①

丰富且高质量的文化资源为河北省提供了良好的文化发展基础，使河北在数字经济时代拥有较大的文化资源利用空间。目前，河北省对于文化资源的开发体现在以下两个方面：

---

① 邹玲芳：《高质量发展视角下促进河北文化产业发展平台提升能级的对策研究》，《产业与科技论坛》2020 年第 20 期。

1. 利用现有资源，通过各种方式、途径盘活河北省数字文化产业

如何使得丰富的文化资源得到最充分、有效的开发与利用，一直是河北省政府重点关注的问题。为此，河北省委、省政府将河北省丰富的文化资源进行了整合与分类，总结出了彰显河北特色的五大文化脉系，即神韵京畿文化、红色太行文化、弄潮渤海文化、壮美长城文化、诚义燕赵文化，并通过细分与组合相结合的方式，对五大文化进行系统开发，力求打造全国闻名的文化体系。

在神韵京畿文化脉系开发利用方面，河北省对避暑山庄、清西陵、清东陵、坝上皇家猎场等皇家特色文化进行系统开发。其中，承德市依托避暑山庄及周围寺庙，将旅游产业作为经济发展的第一支柱产业，向国家争取到 6 亿元资金，进行文化遗产本体的修缮。除此之外，承德还投资 507 亿元，在全市新建、续建了休闲旅游项目 75 个，既保护了承德市的文化遗产，又改变了城市面貌，一举两得。在红色太行文化脉系开发利用方面，河北省先后争取到了上百亿国家财政资金投入到红色旅游基础设施建设中，修建了一批通往红色景区的高速公路和国道、干道，大大改善了通往红色旅游景区的交通环境。并于 2008 年、2009 年先后分两批免费开放 46 座博物馆、纪念馆。唐山市将诚义燕赵文化与弄潮渤海文化有机结合，因地制宜，自 2007 年以来，相继建设了滦州古城、河北省文化创意产业园区、开滦国家矿山公园等文化产业项目园区，构建了以工业文化、地域文化、地震文化、生态海洋文化、休闲旅游文化为重点的文化产业发展新格局。在壮美长城文化脉系开发利用方面，河北省完成了长城博物馆改扩建工程、山海关长城修复工程，加大了长城沿线重要文物古迹保护力度，实施了鸡鸣驿文化遗产保护等工程，举办了山海关国际长城节等大型节庆活动，推出了以电视剧《大境门》为代表的一批反映长城历史文

化的文艺作品，有效扩大了长城文化的影响力。

2. 抓住文旅融合机遇，打造文化产业园区、数字文化产业聚集地

文旅结合背景下，河北省积极将文化遗产、遗址保护和中华文化的传承弘扬联系起来，充实文旅项目内容，打造新的文化产业园区、数字文化产业聚集地，更好地发挥了文化产业的集聚作用，使得文化产业实现规模化发展。据统计，截至 2020 年底，河北省拥有省级及以上文化产业园区、示范基地 202 个。其中包括承德国家级文化产业示范园区和曲阳雕塑国家文化产业园区、12 个国家级文化产业示范基地、34 个省级文化产业示范园区、154 个省级文化产业示范基地。以唐山市为例，在推进文化产业发展过程中，唐山始终把“园区带动”作为重要载体，充分发挥产业集聚效应，深入挖掘历史文化资源，注重延续工业文化根脉。2007 年以来，唐山相继谋划建设了包括开滦国家矿山公园在内的七大文化产业项目园区。这些文化产业园区将唐山古老的历史文化和旅游、休闲娱乐、地产、商业等有机结合起来。随着各个园区的开工建设和投产，唐山市以工业文化为主要内容的文化产业也实现了从单个项目到园区聚集、从弱小零散到规模发展，初步形成了具有唐山特色的文化产业发展新格局，产业规模、项目数量在全省处于领先位置。

二、数字经济时代河北省文化产业发展的现实困境

虽然数字技术赋能河北省文化产业发展纳入到顶层设计，但是现阶段发展仍然存在一定的不足和缺陷，具体表现在管理条块分割、要素支撑滞后、政策体系不完善、文化产业活力不足及创新能力欠佳、缺乏人才引入机制五大方面。

（一）管理条块分割

管理条块分割体现在两方面，一是职责重叠导致的权责不明确，二是各部门之间缺乏沟通与合作。

第一，河北省文化产业相关管理部门如党委宣传部门、文旅部门等，职责重叠较多，分工不太明确，使职责定位与资源配置之间存在错位，不利于资源整合以及部门之间的协同合作。虽然河北省一直在进行文化产业体制改革且改革速度一直在加快，但是管理条块的分割也一直阻碍着文化产业的发展。各个部门职能的割裂与重叠，使得部分资源重复配置，导致浪费；同时，也会有空白地带无人管理的情况。例如，对一个旅游地进行开发，政府和文旅部门都承担了开发的职责，同样的职责，两个执行部门，相同的人员配置，造成了社会资源的浪费。再者，各部门权责未厘清，极容易导致“踢皮球”问题，致使文化企业在处理事务时遇到无人负责、求助无门的情况。尤其是在数字经济时代，发展文化产业的相关部门数量增多，更容易导致各部门之间职责重叠、分工模糊，不利于资源的合理配置。这也反映出行政管理者系统地看问题的能力以及规划意识尚需进一步提升。

第二，管理条块分割使各部门缺乏沟通与合作，使得促使数字技术赋能文化的职责作用没有得到充分发挥。政策的支持和制度保障是文化产业创新发展的基石，各主管部门以及各级机关也为政策的执行保驾护航。割裂的管理条块使得各部门之间缺乏沟通与合作，就会导致政策在落实过程中存在“缩水”“卡壳”等现象，导致文化产业发展出现投资和融资渠道不畅通、产业活力不充分、产业缺乏吸引力、产业创新力不足等一系列问题。尤其是在数字经济时代的背景下，行业间的跨界合作与发展对于政府及相关部门的依赖性很强，在许多环节都需要有关部门出面组织、协调，帮助行业间达成合作。缺乏沟通与合作导致的信息不对称，极大地影响了行业间的跨界合作，十分不利于文化产业适应数字经济时代发展的新要求。

（二）要素支撑滞后

数字经济时代，河北省在发展文化产业方面，一直存在要素支撑滞后的问题，其中最主要的支撑滞后要素为经济支撑。数字文化产业的发展需要注入大量资金，靠文化企业自身难以维持。河北省文化产业自发展之初至现在，一直没有走出产业投资不足的困境。产业投资不足以两方面为主，一方面是财政手段单一，另一方面则是文化金融体系建设滞后。

1. 财政手段单一

河北省文化产业的资金支持主要为政府支持，但政府对于不同类型的企业提出的财政支持手段相同，这些手段或许对规模稍大的文化企业有一定的扶持作用，但是对中小企业适用度较低，导致政府对中小型文化企业的扶持力度不够。针对河北省文化产业融资难的问题，省政府出台了《河北省人民政府关于加快金融改革发展的实施意见》等文件，并且成立了河北汇洋文化产业股权投资基金。但融资门槛过高，中小型文化企业由于规模小、抗风险能力差、效益低、未来收益和市场价值不确定、不能形成规模化生产与产业化经营等原因，达不到商业银行和投资基金的信贷条件，因此融资困难。另外，政府的投入与产出不协调，也使得文化投入资金在运作中浪费的现象时有发生。

2. 文化金融体系建设滞后

文化产业属于资金密集和知识密集的复合型产业，需要大量的资金支持来维持其发展。首先，河北省文化企业的融资渠道比较单一。国家制定的《关于金融支持文化产业振兴和发展繁荣的指导意见》中指出，各金融部门要把积极推动文化产业发展作为一项重要战略任务，作为拓展业务范围、培育新的盈利增长点的重要努力方向，大力创新和开发适合文化企业的信贷产品，努力改善和提升金融服务水平，促进我国文化产业实现又好又快发展。然而，目前河北省尚未形成成熟的融资体系，也尚未建立文化产业产权交易平台以及公正、科学的无形财产评价机制和文化产业融资担保机制，投资渠道单一且狭窄。国有资本占整个投资比例超过三分之二，各种民间资本、社会资本和外资受到投资环境、投资机制和投资平台等关键要素的制约，难以进入河北文化市场。文化产业投资渠道狭窄，致使不少有前景、发展良好的文化产业项目由于缺乏资金支持在创业初期就被延误，这对于一些有基础的文化企业造成了伤害。资金的缺乏使得这些企业无法扩大经营发挥更大的作用，无法做大做强。并且，投资的较大比例集中在娱乐服务等少数行业，不利于文化产业的全面发展。文化产业融资渠道单一使得文化企业缺乏资金吸引力，而融资渠道的不健全又使得原本可以吸引到投资的文化企业无法做大做强，使得原本有意愿的投资商投资困难。总之，文化金融体系建设的滞后，严重抑制了数字经济时代河北文化产业发展的质量和效益。①

（三）政策体系不完善

为更好更快地在数字经济时代发展文化产业，河北省出台了一系列政策，但这些政策在具体的实施和执行过程中出现了可操作性并不

① 李俊霞、韩晓东：《甘肃文化产业高质量发展面临的困境及对策》，《社科纵横》2018 年第 6 期。

强、缺乏针对性的问题；而且在顶层设计方面，也更多地处于探索学习和借鉴的状态，把省内文化资源进行整合和整体布局的大思路不够清晰。总的来说，河北省文化产业政策体系仍不完善。

第一，目前河北省所出台的各项推进数字经济时代文化产业发展的政策仍侧重于宏观上的文化产业转型升级和文化体制改革，而对于如何发展具体的各类文化产业方面的政策提之甚少，缺乏针对性，且覆盖范围也不够全面。以动漫行业为例，目前，除了河北省文化和旅游厅联合7个部门印发的《2020年全省文创产业发展重点工作方案》外，省内对动漫游戏、数字文化等文化创意类企业并没有出台具体的扶持政策。对比其他地区，如武汉，在2009年就已经将动漫产业纳入武汉战略性新兴产业类别，并且启动了专项资金助力动漫产业发展，建设动漫游戏企业孵化基地、生产基地、人才培养基地以及国内动漫交流交易中心，武汉动漫产业每年申请知识产权专利1000件以上。①这十分值得河北省学习，河北省应当针对盈利能力强、发展潜力好的文创类企业给予相应扶持政策，引导其做强做大。目前，河北仅有石家庄、保定、唐山、邯郸4个国家级动漫产业基地，其余的多属于省、市级动漫基地。2019年，石家庄动漫产业产值达到15亿元，与同为国家级动漫产业聚集区域的武汉相比还具有一定差距。2018年，武汉的动漫产业产值已达到85亿元。由此可以看出，在政策的制定方面，河北省政府仍需继续努力。

第二，政策的落实不到位。文化产业的发展需要政策的强力支持。上文提到，河北省推行了一系列的政策来促进文化产业的发展，但许多政策在推行和落实过程中都难以到位，且部分政策所需要的配套设施也极度缺乏，在政策的执行过程中遇到了重重阻碍，导致了一

① 武汉文化创意产业协会：《武汉文化创意产业调查报告》，《长江日报》2011年。

些原本很有利于数字经济时代文化产业发展的政策无法落实，无法达到期望目标。

第三，政策的反馈度不够。上文提到，河北省部分政策执行过程中所需的配套设施极度缺乏，执行过程中遇到了重重阻碍，影响了政策目标的实现。而政策在实施过程中被影响后，反馈的通道也不顺畅，政策制定者与政策的执行者之间缺乏充分、有效的沟通，在其他干扰因素的作用下，使得政府在出台有利于数字文化产业发展的政策后得不到及时、有效、客观的反馈，无法了解政策在执行过程中各个阶段的具体实施效果，不能在政策执行过程中及时地发现问题、解决问题、修正政策。

（四）文化产业活力不足及创新能力欠佳

从上文中我们可以发现，河北省历史悠久，是文化资源大省，在数字经济时代的背景下发展文化产业具有一定的优势。① 但是，河北省丰富多样的文化资源开发还处于初级阶段，缺乏正确的手段对其进行有效的整合以及深度、系统、成规模地挖掘与开发。文化产业与其他相关产业的交流较少、合作层次较低；文化与科技、信息、农业、旅游、会展、体育、商贸等相关产业极少进行联动，融合度不足。数字经济时代最大的体现就是各行各业的联合和高科技与产业融合发展，但河北省文化产业与信息技术、数字产业、互联网等高科技产业融合度低，文化产品科技附加值低、传播速度慢，新兴文化产业发展速度缓慢。与我国的其他城市相比，河北省动漫、新兴媒体、工艺设计、网络、游戏等新兴文化创意产业还处于起步阶段，且文化资源的

---

①　侯志刚、郑海珍：《区域性文化创意产业现状及其发展路径——以河北省文化创意产业为例》，《人民论坛》2014 年第 35 期。

开发思路与利用方式也十分落后，文化产业活力不足、缺乏创新，导致发展方式比较粗放，产业链条无法延伸。这种发展方式下，即使再丰富的文化资源也难以进行合理、高效地开发。

原因之一，是政府引领发展的思路较滞后。一直以来，政府主管部门受传统观念影响，仍采用传统行政手段发展文化产业。政府对于发展文化产业的创新手段的缺乏，导致河北文化产业的发展一直都只是在传统的文化资源中找出路，没有进行新路径的开发，所以发展思路滞后，创新能力薄弱，无法适应数字经济时代的新要求。并且，政府对于文化市场管控的态度仍十分谨慎，为了确保文化产业的持续、健康发展，对于文化市场准入和文化产品内容的把控仍然十分严格，因此导致文化市场的活力受到了限制。① 数字经济时代加快了文化传播的速度，对于急需转型发展适应数字经济时代要求的文化产业来说，严格的政府把控虽然保持并提高了文化传播的质量，但是也一定程度上抑制了文化产业的发展。

第一，文化产业准入门槛较高，政府对文化企业的资质、资金、人员、场所等高标准的要求，直接限制了小微企业和外资企业进入市场。第二，监管政策十分严格，文化市场监管以强监管、重整治、严打击为重点，这也对文化产业的发展造成了一定的影响，市场活力受到抑制。

原因之二，从总体上看，是产业发展的基础薄弱。当前，河北省现有的文化企业实力普遍较弱，文化产业没有形成完整的产业链，相关配套设施不健全，且现有的设施结构也较简单，配套程度低，企业经营管理方式比较粗放，相关产业间聚集度比较低，产品附加值低，

---

① 贾世奇：《“十四五”时期文化产业发展的困境与路径选择》，《人文天下》2021年第4期。

这一系列的问题导致河北文化产业市场竞争力不强，企业规模化、集团化程度低且发展步伐缓慢，骨干文化企业缺乏，没有规模大、发展较成熟的“领头羊”。根据调查，截至2020年第三季度，河北省成规模以上文化及相关产业的利润总额为16.4亿元，与2019年同期相比下降14.6%。根据河北省统计局2020年第三季度文化及相关产业统计季报数据，河北省文化企业中大型企业法人单位数仅占3.4%的份额；占比最高的是小型企业，高达71.7%；微型企业占比10.2%。根据文化产业统计年鉴数据显示，2019年河北省仅有1557家文化企业，远远低于广东省的8602家。河北省文化及相关产业企业基本都是小微企业，缺少实力强劲的大型文化企业集团和文化行业的龙头企业，且大部分小微文化企业还处于产业链的底端，对整个河北省的经济贡献率低。

原因之三，是河北省现有的文化产业自身活力不足。河北省文化产业创新能力不足，较成熟的文化产业集中于工艺美术、图书印刷、文化用品等传统的文化产品制造业，而缺乏文化休闲娱乐、创意设计、技术研发等数字经济时代崛起的新兴行业，高端文化产业的创新引领作用还需进一步加强。并且，河北省文化企业以及相关产业仍然采用传统的发展方式，对于一些较大的文化企业来说，缺乏有创意的营销、策划，创新研发投入不足，不能对丰富的文化资源进行有效的创意开发与利用，经营模式粗放。并且这些企业开发新业务与新市场的意识不足，导致创新能力弱、发展形式单一，与市场脱节。

河北省现有的文化企业未找到自身的优势所在，盲目地学习其他优秀的文化企业的经验并借鉴其发展方向，使得文化产品单一，同质化严重。虽然当前河北省建立了各种类型的文化产业孵化器、文化示范基地、文化产业孵化园区、众创空间，但真正拥有核心竞争力的企业并不多。文化产业发展平台在产业细分发展的方向以及地方政府的规划建设、扶持政策等方面都有一定程度同质化倾向，文化产业园区的发展规划也没有明显的优势，平台发展定位不清晰，经营模式雷同，缺乏创意性的建设方案，有些企业侵权现象屡见不鲜。文化产业企业不能从自身出发发掘自身优势、找出自己的独特之处，缺乏特色产品、主导产品，各自为战，重复生产，原创性不足，未形成竞争优势明显的产业集群。

创新力不足的情况在历史文化发展过程中更为明显。创新在历史文化中表现为继承与发展，在创新中继承与发展是保持历史文化生命力的源泉，历史文化在创新中才能更好地传承。而河北省历史文化的发展，目前只是通过传统经营模式以及相对单一的手段进行开发与传承，通过创新而产生高度影响力的情况较少，历史文化发展创新力不足，融入现代社会困难，导致难以推出符合当前时代精神的新文化，使得一些历史文化在传承与发展中渐渐遗失。一些著名文化遗产即使开发成了旅游景点吸引了游客，也因为单一、传统的经营模式逐渐没落。①

文化产业发展需要“无中生有”的原创性和独创性。对于文化产业来说，原创性可谓其价值评判的基本标准。没有原创性，文化产业就失去了存在的理由。② 文化产业的基础在于内容，生命力在于原创，原创的关键是实现本土化和民族化，只有充分体现中国创意、中国元素和中国内涵的文化产品才能更好地进入国际市场，因为异文化体验是人们产生文化消费的动因。河北省虽然坐拥丰富的历史文化资源，

---

① 刘会娟：《文化自信与河北历史文化的挖掘与传播研究》，《唐山师范学院学报》2021 年第 4 期。

② 任成金、吴启春：《新时代文化产业价值取向建构的困境及对策探讨》，《井冈山大学学报》（社会科学版）2020 年第 5 期。

但目前大多数文化企业的创新能力和文化品位与群众文化需求之间还有很大的落差，发展情况与肩负的文化使命还有很大的差距，原创性问题已经成为制约河北省文化产业发展的瓶颈问题。文创与文化产业是“源”与“流”的关系，创意新颖，文化产业发展就会充满活力，赢得市场和受众；反之，缺少创意，文化产业就会成为无源之水、无本之木。机遇带来挑战，数字经济时代的到来加快了文化产业发展的速度以及文化市场的开发进程，河北省文化产业发展也由此出现了粗放式增长的现象，文化品牌自主创新能力不足，文化产品普遍缺乏创意，文化资源历史底蕴挖掘不足，市场跟风现象层出不穷，这也就直接制约了河北省文化产业的健康发展。

河北省拥有丰富的文化资源与文化内涵，它们是发展文化产业的重要根基。内容是文化产业发展的基础，创新决定了文化产业内容的优劣，缺少创新的文化产业是没有竞争力的。同时，如果我们的创新产品不符合大众审美，也很难在日益激烈的文化竞争中打开市场，也很难走出去产生更大的影响。党的十八大报告中也提出要“增强全民族文化创造活力”，强调文化创新这个关键，可见创新对于民族文化的继承与发扬来说有多么重要。尤其是在数字经济时代，创新能力显得尤为重要。

创新能力不足在文化产业发展过程中主要体现在以下两个方面。一方面，传统文化企业落后的理念致使其对新产业革命的反应迟钝。文化产业的从业人员缺乏对新产业革命和新理念的认识，使得传统的文化产业在数字经济时代转型发展的过程中动力不足。目前，与新兴数字文化产业相比，河北省传统文化产业企业相对较多，技术创新动力不足，发展理念陈旧，难以适应日益加速的新技术变革。数字经济时代，高科技创新文化产业不断增多，但是对于河北省而言，比重还是比较小，文化产品技术附加值与其他发达地区相比仍有一定的差距。另一方面，数字化消费市场还未打开，线上文娱消费习惯还未完全养成，人们还是倾向于传统的线下文化消费方式，新兴文化产业的发展市场较小，需要进一步帮助消费群体更新观念，接受新兴的文化消费方式。

目前，我国对文化产业的发展已经形成一个共识，就是传统文化产业必将走向数字化传播和再创意之路，这对河北省文化产业的发展来说是机遇也是挑战。河北文化产业内部结构不尽合理，多为较低端的传统文化产业，这种不合理的结构必将导致河北省文化产业总体运行质量不高，严重制约产业发展后劲。因此，抓住文化产业数字化发展的良机，实现传统文化产业的全面数字化改造，大力扶持数字文化企业的发展，是河北省大力发展文化产业、建设文化强省的必由之路。

数字经济时代，数字化转型是企业创新发展的一大体现。数字化转型是高质量数字化发展的前提，但是当前河北省传统文化企业数字化进程十分缓慢，步履维艰。之所以数字化转型速度缓慢，主要有以下几个原因。

一是企业自身的数字化转型意识不够强，自己“不想转”。对于数字化转型的认知不够深刻，转型的意愿也不是很强，故步自封，且对于数字化转型也有一定的错误认识。以以下两种为主：一种观点是想当然，认为企业的数字化就是简单地在企业发展过程中加入数字因素就能成功实现数字化转型。如旅游景区做一个购票APP，博物馆做一个预约网站，诸如此类。另一种观点则认为通过购买硬件、系统就能马上卓有成效。探究其根本原因是，文化企业对于数字化转型的意识非常淡薄，对什么才是真正的数字化转型、如何进行有效的转型等问题仍然有错误认识。部分文化企业，尤其是中小型企业，规模小，资金匮乏，数字化动力更为不足，对于主动进行转型升级的意愿不够强烈。并且，一个企业如果要进行彻底的数字化转型，将要投入大量的资金、时间，完成数字化转型的时间不明，会带来什么样的效果也无法预估。从转型所要花费的成本来看，企业进行数字化转型的门槛较高，投入成本高，建设周期长，效益回报慢，这使得很多文化企业对数字化转型失去了热情，导致有的企业面临着“不转是等死、转型是找死”的双重困境。①

二是转型方向不够明确，“不会转”成为文化企业转型的一大问题所在。数字经济时代，各行各业发展迅速，文化产业作为一个老牌的产业极容易受到传统思想的束缚，许多企业在转型的路上十分迷茫，不知如何下手，找不到数字经济与文化产业的关联所在，更无法找到自己所应发展的方向。

三是转型能力不够，“不能转”。与其他文化产业较发达的地区相比，河北省虽然文化资源丰富，但是文化产业发展相对滞后，掌握数字化转型核心关键技术不足，信息化设施不够完善，转型基础相对薄弱。而且从全国来看，核心技术被国外垄断，我国数字化产业链属低端水平，核心专利严重缺失，信息技术基础设施发展不平衡，转型能力整体还有待提高。

近几年，科学技术快速发展，技术的更新迭代速度不断加快，在这一趋势下，数字经济为文化企业的发展带来新要求。为了尽快满足数字经济时代带来的新要求，跟上经济发展的潮流，文化企业必须激发活力，提高创新能力，加快数字化转型。文化产业的数字化转型要

---

① 翟云：《“后疫情”时期数字化转型意义、困境及进路》，《互联网经济》2020 年第 8 期。

求企业的经营思维、人才培养方式以及消费群体的消费观念尽快转变，紧随技术更迭，这既是文化产业数字化发展的期望，也是目前数字文化产业发展的困境。

（五）缺乏人才引入机制

人才缺乏的问题是文化产业发展过程中经常遇到的问题，也是河北省数字文化产业发展的瓶颈。数字文化产业包含了文化、科技、商业等多个行业领域，需要能够掌握文化、科技、经营的复合型人才，因此拥有复合型人才是发展数字文化产业的前提条件。① 一个地区人才资源的水平在一定程度上决定了当地的数字文化产业发展水平，如位于北京、上海等地的国内知名的数字文化企业，或者国外的知名数字文化企业，都是靠一流的复合型人才支撑的，河北省缺少这样的高水平的创意人才和视野国际化、知识多元化、背景技术化的复合型管理人才。同时，河北还面临着人才严重外流的问题，众多因素的综合影响限制了河北省的数字文化产业发展的质量和速度。除此之外，尽管河北省拥有数量不少的高校和大量的商业培训机构，但在人才培养和企业发展方面仍存在供求不对等的情况，产、学、研各环节不协调，这也成为数字文化产业进一步发展的隐患。

根据《河北统计年鉴》数据信息显示，2018 年河北省文化产业从业人员为 580 912 人，占 2018 年河北省城镇就业人口的 3%；2019 年河北省文化产业从业人员为 518 068 人，占 2019 年河北省城镇就业人口的 2.56%；2020 年河北省文化产业从业人员为 490 821 人，占 2020 年河北省城镇就业人口的 2.37%。3 年相比，文化产业从业人员不论

---

① 王红英、王竹青：《河北省数字文化产业发展路径研究》，《学理论》2012 年第 31 期。

是在数量上还是在人数占比上都出现了逐年递减的趋势，人才流失现象明显。另外，从业人员中的高端人才以及掌握大数据、互联网等新型信息技术的复合型人才更是十分匮乏。从总体上来看，与其他地区相比，河北省文化产业依然呈现人才数量不足、质量不高和缺乏精英领军人才的特点，而且文化产业人才在省内各区域分布不均衡。据统计，河北省文化产业从业人员数量不单远低于北京、上海等发达城市，与经济总量同本省接近的河南、山东等省份相比差距也较为明显，这不符合文化资源十分丰富的河北省的文化产业发展的实际需要，是河北省文化产业迈向高端的一大阻碍和短板。

文化产业的竞争说到底是人才的竞争，人才是文化产业的核心竞争力，人才占比的多少，尤其是高端、专业人才占比的多少直接影响到文化产业的未来发展前景。尤其是在数字经济时代，对人才的要求从能力与数量上有一个很大的提升，急需既掌握文化产业相关行业专业知识，又了解互联网、人工智能、区块链等新兴信息技术的复合型人才。拥有了掌握该类技术的复合型人才，就有了迎接数字经济时代的底气，就可能站在数字经济时代大力发展文化产业的制高点。文化产业复合型人才的缺乏直接影响数字经济时代河北省文化产业的发展。数字经济时代，人才的缺失是文化企业进行数字化转型遇到的一大难题。同时精通两种技能的复合型人才的严重缺乏、人才年龄结构的不合理、知识更新时效慢、人才流动过于频繁、人才的供需不对等、信息不对称直接影响了文化产业的发展。人才的流失与外来人才的缺乏是目前河北省文化产业发展困境之一，究其原因，是河北省人才引入机制的不健全。河北省一是没有制定出吸引和留住人才的政策，导致了人才流失。二是支持文化产业人才创新创业的力度不够。

1. 没有制定出吸引和留住人才的政策

因为北京、天津两地的虹吸效应，河北在人才引进上并不占优势。留在河北的人才中，大部分人会选择在省会或者经济发展水平高的地区就业，这造成了人才分布的不平衡。三线、四线城市以及偏远的小城市对人才的吸引力更小，人才的缺失使得这些地方在数字经济时代发展文化产业更加吃力。当然，河北省吸引人才能力弱，主要也与自身的政策有关。各市人才引进政策大多集中在生活补贴方面，较少涉及购房优惠福利。而河北省与北京、天津相比，人均收入、发展机会等方面均处于劣势地位，如果不能提供更多吸引优质人才的购房优惠、生活补贴等福利待遇，很难吸引在京津及其他地区工作的河北籍人才返回河北，为自己家乡的发展提供智力支持。此外，河北在留住人才政策方面，对优化人才生态环境不够重视。首先，医疗服务水平和高等教育水平也是优质人才选择前往北京、天津发展的影响因素。医疗服务方面，河北省各市虽然有数家三甲医院，但专业人才、医疗设施及医疗水平相比北京、天津有很大差距；教育方面，北京、天津两地教育资源丰厚，重点院校较多，河北优秀的考生也主要向京、津两地流动，优秀教师也很容易被两地的学术圈和产业界挖走，这也使河北省流失很多优秀人才。其次，薪资奖励水平仍是人才选择就职单位的重要因素。河北省在保证人才就业、从业合理经济权益方面政策指导尚不足。比如，个别企业为吸引更多优秀人才，承诺一系列福利条件，但由于缺乏保证性措施和法律法规约束，可能出现实际兑现问题。这种行为会严重损害员工积极性，也可能致使其选择离开企业。

2. 支持文化产业人才创新创业的力度不够

一是政策落实地区的不均衡。河北省支持文化产业人才创新政策的落实存在着区域的不均衡情况。经济发达、交通便利的地区人才政策的落实情况较为实在，而偏远、经济欠发达地区人才政策的落实不是很明确。这种情况的存在其实也符合经济发展规律，原因是经济发展能够带来丰富的创新创业渠道，政策也相对较好落实；而经济欠发达地区由于本身资金的缺乏，政府无心关注支持人才创新创业政策的落实，再一次导致人才外流，形成了恶性循环。例如，河北省经济较发达的城市为石家庄市、唐山市和保定市，3 个城市的文化产业人才总数占河北省文化产业人才总数的一半以上。而在一些经济欠发达地区，尤其是山区和农村等地区，文化产业人才往往数量稀缺，不能满足需求。

二是人才培育政策不足。首先，对创新型文化产业人才的培训未能做到产学、供需的密切结合。河北省高校教育体系所培养的文化产业人才与文化产业相关企业的需求不对等，包括专业的不对等和数量的不对等。近年来，虽然河北省各高校陆续开设了与文化产业相关的课程，但发展时间短，没有历史积累与沉淀，因此发展质量不高，模式也比较粗糙。加之近几年数字文化产业快速发展，对复合型人才需求大量增加，河北省的文化产业人才缺口依然很大，因此不管是在质量上还是数量上都出现了人才供需不平衡现象。其次，河北在培养的人才类型和结构上也存在不合理的情况。从河北省文化产业人才类型、组成结构上来看，文化产业相关人才主要以文化旅游（约为 15%）、出版和发行（约为 25%）、文化用品生产和销售（约为 30%）以及文化休闲娱乐（约为 15%）四大领域为主。河北省文化产业相关人才中，从事低创造性工作的人才比例偏高，而对于富含创造性、知识水平密集的高端文化创新、文化产品创造等方面的人才比例偏低。尤其是掌握数字技术的复合型人才，比例更低。在人才的专业结构上，也存在着理论性人才偏多、应用型人才偏少的情况，从文化产业相关专业毕业生就业率也可发现这一状况。根据调查可知，我国文化产业综合管理专业毕业生就业率约为40%，在各大学本科毕业生就业率中居倒数第二的位置，60%的毕业生在就业时都选择了专业不对口的工作。这一方面说明整个就业市场对本专业需求不高，另一方面反映了该类专业的市场待遇相比其他专业来说会较低。河北省也同样存在这种现象。在众多的文化产业人才之中，社会更需要操作执行方面的应用型人才而非单纯的理论人才。尤其是在数字经济时代，市场对文化产业人才又提出了更高的要求，但从培养的源头开始，由于高校中从事文化产业学科教学的教师很多是从学校到学校，这些老师有着丰富且专业的理论知识，但缺乏实践经验，造成理论与实践脱节的情况存在，进而影响应用型此类人才培养，使该类人才供不应求。而对于文化产业综合管理理论型的人才，则部分程度存在供过于求现象。这也为我们在数字经济时代发展数字文化产业提供了思路，即培养复合型、应用型人才。但目前存在的状况是，众多文化产业相关企业和单位急于求成，不重视所需人才的培养，不规范文化产业人才培养体系，未加强教育的系统化和规范化，而是注重快速便捷，直接在人才市场直接招募文化产业人才，对文化产业人才进行长期教育培训投入意愿不足，使得此类人才出现供给不足。长远来看，这些问题结合起来十分不利于河北省文化产业人才综合素质以及实践水平的提升。

此外，对人才的管理不善也制约了现有人才能力的充分发挥。对人才合理管理才能调动人才工作的积极性和创造性，进而更好地推动文化产业的发展。从世界范围来看，美、英、日、韩等文化强国皆十分注重文化产业人才的管理工作，不断加强对人才的培养和引进力度，为各种类型的人才创设适应其发展的环境，创新培养方式，为不同类型的人才构建多样化的成长通道，以此来促进本国文化产业的发展，更好地适应数字时代的新要求。现阶段，河北省对文化产业管理投入不足，不能很好地管理相关市场，缺乏有效的市场化激励机制；相关从业人员的收入与其贡献不成正比，难以调动其创新的积极性，这也导致了上文中提到的毕业生毕业即转行的问题；文化产业人才培养、引进、流动机制不健全，培养模式粗糙、缺乏针对性，且不重视对人才的后期培训与提升，人才升级、晋升的通道不畅，因此也无法吸引并留住高层次的人才为我所用；文化产业人才政策不完善，且部分政策很难落实。以上种种问题，严重阻碍了现有人才功能的发挥，导致了人才的缺失，削弱了河北省文化产业的竞争力。河北省文化人才管理上存在的问题是影响河北省数字文化产业发展的突出问题。

第四章　数字经济时代河北省文化产业发展策略

“十四五”时期，河北省文化产业仍然处于打开窗口和抓住机遇的历史性时期，必须充分把握新阶段、新理念、新格局变化，立足实际，开创新局面。在新时期规划的指引下，文化产业发展新格局同样面临着新的情况和新的挑战，大数据、5G、VR、AR、人工智能等技术不断改变着文化产业发展格局。《河北省文化产业发展规划（2021—2025）》中已强调了“数字时代”的到来，指出科学技术掀起了新浪潮，并将“科技＋文化”列为重点发展对象。在此基础上，本书通过对河北省文化产业现状及问题进行分析，尤其是对河北省区域性和线性文化资源产业化、数字化发展进行分析，为数字经济时代河北省文化产业发展构建了新格局。围绕该发展格局继续探析河北文化产业发展策略，为数字经济时代河北文化产业的转型与升级提供参考，助力河北文化产业加快补齐短板，奋起直追，跨越赶超。

一、制订符合河北省情的数字经济时代文化产业规划

“规划目标更高，规划眼光更远，规划步子更大，规划方法更先

进，规划举措更实际”，这是文化产业发展对规划制订者的要求，同时也是文化产业规划严谨性的表现。因此，在制订“十四五”时期及中长期文化产业发展规划时，需要在规划思维与理念上有清晰的认知，为详细制订规划做好基础铺垫。

一是对数字经济时代的认识。“数字经济”这个名词的具体解释来自于在杭州召开的G20峰会。在该会议中，由我国负责草拟的《二十国集团数字经济发展与合作倡议》中将数字经济定义为以使用数字化的知识和信息作为关键生产要素、以现代信息网络作为重要载体、以信息通信技术的有效使用作为效率提升和经济结构优化的重要推动力的一系列经济活动。其中“数字”一般包含两种含义：一是指数字技术，包括信息网络技术、大数据、云计算、人工智能、区块链、物联网、AR/VR等技术。这些技术在新冠疫情期间得到了广泛推广和运用，保障了人民正常生活与工作秩序的同时，也催生出了许多新的产业和新的生产模式。二是指数据。随着社会快速发展，数据成为数字经济时代赢得“战役”的根本“装备”，是核心生产要素，其具备了大量、多样性、高速增长和价值高密度低等特征，不容小觑。

数字经济是伴随着全球新一轮科技革新和消费形式变革发展起来的一种全新经济模式，是技术服务与使用最为活跃的经济形态，在移动大数据、云计算、人工智能的推动下，进入了产业聚集、技术渗透、平台融合的新阶段。文化产业发展过程中与实体经济的融合互动是关键，但对先进的网络应用技术和庞大用户群体的利用也会起到很大作用。数字技术、智能技术与传统文化产业深度融合，由此催生出了数字展示、互联网文旅等新兴领域，丰富了文化产业的产品类型和创意内容，开启了文化发展之路的数字经济时代。通过进一步探索数字经济时代文化创意产业的发展模式和路径选择，能够促进文化产业消费升级和产业转型发展，有助于加快文化产业深度融入全球数字经济发展浪潮。

伴随数字经济时代的到来，文化产业的发展已经完全融入世界格局，各国之间的文化博弈影响着全球整体经济的发展。习近平总书记曾说过："当今世界，科技革命和产业变革日新月异，数字经济蓬勃发展，深刻改变着人类生产生活方式，对各国经济社会发展、全球治理体系、人类文明进程影响深远。"因此，这个时期比以往任何时候都更需要借助数字化手段，发展地方文化品牌，坚定文化自信，进一步推动文化产业发展，塑造文化大国形象，拉动整体经济发展。

二是对河北省文化产业发展面临的新情况的认识。首先，在政策上，习近平总书记在主持召开教育文化卫生体育领域专家代表座谈会时指出："十四五"时期，我们要把文化建设放在全局工作的突出位置，切实抓紧抓好。党的十九届五中全会把建设文化强国摆在首位，提出要繁荣发展文化事业和文化产业，提升公共文化服务水平，健全现代文化产业体系。这为文化产业发展指明了方向，提供了强大动力。其次，在战略机遇上，京津冀协同发展、规划建设雄安新区、2022 年冬奥会举办等为河北省文化产业创新跨越发展提供了难得的历史机遇。"一带一路"倡议、"乡村振兴"战略、"国家文化公园"工程的深入实施，对推动河北省文化产业在更广领域、更深层次上整合资源要素、提升综合竞争力提供了更加有力的支撑。此外，在社会科技趋势上，大数据、5G、VR、AR、MR 等新一代信息技术和媒体技术的发展加速了文化产业场景再造和技术变革，促发全新的内容形态、文化业态和产业生态重构，为文化产业新业态、新内容爆炸式发展提供了便捷、经济、多渠道的技术平台，为文化打破行业壁垒与其他行业融合提供了重要支撑，将有力推动河北省文化产业转型升级。

三是对河北省文化内涵挖掘与传承的认识。河北省文化产业依托丰富文化内容和形式进行发展，因而作为规划核心的河北省文化的内涵挖掘是工作重点。文化是无形产品，在数字经济时代，借由各种数字技术、数据传播，文化产品更加具象化、实体化，这些内容的诞生与对文化本身内涵的挖掘密不可分。首先，数字经济时代文化内涵的挖掘当紧扣时代主题和时代潮流，挖掘的是雅俗共赏的内涵，传承的是中华民族传统文化精华。在追求效益最大化的同时守住初心，不被消费主义蒙蔽，不过分追逐潮流而过度消费文化内涵致使文化变味。“三年靠产品，五年靠品牌，十年靠管理，百年靠文化”，文化产业要想长足发展，离不开准确的文化阐释与内涵挖掘。其次，在数字技术辅助下，能够深挖文化内涵，记录、保存、复原更多文化内容。由此，单一文化也能衍生出众多文化产品，并且能够在一定程度上构建文化与文化之间的发展脉络，完善文化体系的同时也使文化内涵更加饱满。在文化传承上，数字技术更是将文化影响力不断拓宽，各类展示技术和互联网平台为文化产业的发展铺设了康庄大道，对文化产业的前、中、后期发展都起到了极大的推动作用。由此，应以数字时代思维对文化内涵挖掘与传承做出新的指示，从剖析文化内涵到发挥文化价值，再到创造经济效益，应以数字经济为导向，充分融合科技与文化。由政府出台鼓励政策，行业领军企业带头转型升级，政企等多方合作，共同深挖河北省特色文化内涵，传承河北文化，做大做强河北文化品牌，使河北省文化产业在数字经济时代脱颖而出。

四是对文化与科技融合的认识。对于文化与科技融合的理解，目前学界没有给出确切定义，也未完全达成一致，主要有如下几种代表性的说法：姜念云认为，文化与科技融合，就是将文化的内容、形式、服务等与科学技术的原理、方法等有机结合，提升有关文化产品的价值与质量，更好地满足人民日益增长的文化需求的过程。毕娟认为，文化与科技融合，就是指文化与科技二者的相互作用，文化作用于科技，科技作用于文化，二者相互影响，最终形成一体化的状态。彭英柯、宋洋洋认为，文化与科技融合是指文化产业依托高科技产业的技术手段或产出结果，传统文化产业的表现和传播以此为契机进行拓展，提升文化产业的服务水平，催生新的文化产品甚至新的文化业态的一系列现象。尹宏认为，在哲学意义上，文化和科技融合是社会文化变迁的内在机制，推动现代文明发展；在经济学意义上，文化和科技融合是一种技术诱发的产业发展模式，通过要素层面、企业层面和产业层面的融合，两者交叉、渗透、重组并最终融为一体。从文化和科技各自的含义来看，文化更看重精神内涵，而科技更看重技术呈现，二者融合，实际上是以文化为内容、以科技为载体的融合。由此，可以将文化与科技融合理解为一个价值增值再创造的过程，其中文化所代表的一种内涵和精神是整个过程的核心，而现代科学技术则是最强辅助和推进器，将文化从内容到形式再到服务都进行提升，创新展示，创新体验，使得文化产品更加具有感染力，传播能力翻倍，从而吸引更多眼球。

以上四点的认识既是数字经济时代河北省文化产业发展规划制订前必要的调查内容，同时也划定了规划的大纲。“数字”“经济”“科技”是该规划的背景，这一规划不是对以往成功或失败经验的总结与提升，而是在前期发展基础上，面向全新时代对河北省文化产业的重新规划，其中科技与数字贯穿规划始终。另外，规划重点即解决河北省文化产业发展难点、痛点问题。发现问题并解决问题，寻找机遇并直面挑战，因而需要深刻理解当前河北省文化产业发展情况。文化产业当以“文化”为核心发展内容，规划必须强调文化本身的价值体现与价值发掘，只有真正认识到河北省各类文化内涵与意义，才能做到无形文化到有形产业的转变，而对这些文化合理利用与阐释才能使河北省文化产业长足发展。

二、组建促进数字经济时代河北省文化产业发展的协调机构

在数字经济时代，河北省应以数字经济发展、技术赋能文化产业为主，建立数字经济时代河北省文化产业协同发展联席会议机制，常设办事机构，负责河北省文化产业在新技术应用的统一规划、统一协调、统一管理。这一举措是时代发展的必然，是历史要求我们必须牢牢抓住的重要机会，将对建设数字经济强省和文化强省大有裨益。

（一）构建多主体、多渠道发展模式

数字经济时代的文化产业发展既涉及文化资源的整合，同时也涉及数字技术的运用。河北省文化产业的发展靠单一主体无法推动其数字化进程，组建的河北省文化产业发展协调机构应发挥好联动协调作用，在加强理论和产业政策研究的基础上，最重要的是促进多方合作互动，成为政府部门与数字经济领域行业组织、高等院校、科研单位、企业之间的联络人和牵线搭桥者，汇聚数字经济领域以及文化产业领域的力量和资源，组织开展数字经济时代文化产业发展交流合作，收集和整理各方诉求。此外，在数字技术广泛运用的背景下，更加关注文化产业实体经济发展，让网络、媒体平台为文化产业发展助力，并组织开展产业发展洽谈、成果转化等活动，引导行业组织、企业、高校、个人加快在文化事业上的数字化、智能化、绿色化转型，助力河北省文化产业发展。

（二）京津冀合作培养文化产业数字人才

人才是组建机构的基础和坚实的发展动力。河北省文化产业发展协调机构应将整个京津冀地区人才纳入发展库。京、津、冀三者看似独立实则紧密相连，无论是在文化延续上，抑或是数字技术的交叉运用上，三者可作为共同体携手推动文化产业发展。因此，河北省应抓住自身与北京、天津紧紧相依的区位优势，主动出击，紧密联系，开展搭建京津冀互助互推平台，并制订有规律、有安排的计划，目标明确地开展定期交流，不断汲取经验，观察分析行业领域发展势头，为推动京津冀文化产业一体化发展积极贡献力量。除了区位优势，技术优势也要抓牢，技术交易以及技术合作是重要契机，应当积极参与、主动发起，由此提升文化产业科技水平。具体可落实到以下几点：一是盯住实力对象，即北京、天津地区实力强大的科研院所，不要求百分百对口，只要贴合河北经济社会发展需要皆可合作共赢。在此基础上，发动河北本地科研机构，与之共建科技创新平台和企业孵化器，积极研发科技含量高的文化产品，并在河北实现转化。二是加大政策支持和政策倾斜，积极引导一些高新、高科技、高内核的企业与本省合作设立分支或主体机构，发挥带头作用，从而持续供能和增强吸引力。当然，除去引进，还可独立建设龙头企业，找寻本省实力“大户”，鼓励支持，并帮助其进行转型改造，成为面向社会提供科技服务的孵化器，发挥更大效能。三是人才强省，人才强身。提升科技型文化产业发展水平离不开人的努力，人才是创新的基础和核心，必须建立、完善多层次的人才体系，其中包含培养、引进、激励等内容：一方面人才培养是持续发展的关键，因此，要尽力避免人才流失，重视本土人才建设。可以发挥本地资源优势，鼓励、扶持高校设置符合河北文化产业发展要求的相关专业，建立高科技文化产业人才孵化基地。另一方面引进人才是对本地人才的扩充，同时也是技术和思想的引进，因此，需要加大人才引进力度，坚持唯才是用原则。此外，人才的激励机制也十分重要，需要为人才量身制订成长计划和发展档案，给予优厚待遇，并提供核心岗位来吸引人才，打开上升通道，建立合理的竞争机制，并对人才的退休及养老生活做好规划安排。总而言之，需要不断充实河北文化产业人才队伍，努力将人才优势转化为竞争优势。

（三）加强文化产业发展制度保障

我国始终把文化产业发展放在突出位置，党的十七大提出要实现文化大发展大繁荣的奋斗目标，党的十八大明确了“建设文化强国”的任务，党的十九大强调要不断坚定文化自信。习近平总书记在党的十九大开幕式的报告中指出，推动文化事业和文化产业发展，要深化文化体制改革，完善文化管理体制，加快构建把社会效益放在首位、社会效益和经济效益相统一的体制机制。党的二十大指出，要繁荣发展文化事业和文化产业。实施国家文化数字化战略，健全现代公共文化服务体系，创新实施文化惠民工程。健全现代文化产业体系和市场体系，实施重大文化产业项目带动战略。加大文物和文化遗产保护力度，加强城乡建设中历史文化保护传承，建好用好国家文化公园。坚持以文塑旅、以旅彰文，推进文化和旅游深度融合发展。因此，在“数字经济＋文化产业”的发展战略上，思想觉悟的提高是首要任务。思想转变了就会推动发展路线的转变，能够从全新视角探索文化产业发展全新路径，从而实现文化产业引领国家实力的提升，为国民经济的发展贡献更多力量。

另外，在文化产业数字化发展进程中，我们也要重视由大数据、云计算、人工智能等新兴数字化前沿技术与数字文化产业相互交织、叠加并融合而成的新型经济形态成为传统文化产业发展的内在驱动力。这就要求政府相关部门要加强对文化产业发展政策进行完善。政府相关部门可以定期组织文化产业创新项目申报，特别是加大与科技相关项目的扶持力度，帮助文化产业与科技融合，充分发挥出科技创新的推动、催化、加速功用。政府还要积极拓宽相关产业小微企业融资渠道，整顿文化产业领域生产经营秩序，为河北省文化产业发展提供有力制度保障。

三、推进区域性文化资源的数字化转化

文化资源、文化资源数字化以及文化产业数字化是层层递进、互为基础的关系，文化资源的数字化是文化产业转型过程中的夯实阶段。文化资源的产业数字化不是单纯对文化的利用，其对文化资源保护也起到正向作用，是文化资源保护、传承、共享、开发的重要方式。国家“十四五”规划纲要提出：“实施文化产业数字化战略，加快发展新型文化企业、文化业态、文化消费模式。”2020 年 11 月，文化和旅游部提出：“促进优秀文化资源数字化，对文化资源进行数字化转化和开发，让优秀文化资源借助数字技术‘活起来’，将所蕴含的价值内容与数字技术的新形式新要素结合好，实现创造性转化和创新性发展。”

按照联合国教科文组织的定义，文化产业是指按照工业标准生产、再生产、储存以及分配文化产品和服务的一系列活动。文化产品的价值链条第一是选择内容，第二是产品加工，第三是产品输出，第

四是产品送达。从产业密切度来看，文化产业与数字产业最为密切。在数字经济的时代，数据是一种新的生产要素，数字化与智能化的平台直接将供方与需方对接，数据的产生、挖掘、市场配置等优化了传统文化产业价值链分工。文化产业的数字化发展成为文化产业发展的新趋势，数字经济在促进文化产业的业态更新、产品迭代、服务模式改变等方面都发挥出巨大作用，在文化产业的价值链上无论是数字化内容的提供、信息传播渠道的便捷性还是数字化服务的提升都发挥了重要作用。因此，推进区域性、线性文化资源的数字化转化将大大利于河北省文化产业的快速发展。

（一）基于数字技术开展文化资源普查

河北省内文化资源众多，且随着社会发展和大众思维的转变，文化资源的内容和呈现方式都在发生变革，尤其是人类活动对文化资源产生了许多影响，导致文化资源动态发展，每一时期每一阶段都有新的文化内容从文化资源中衍生而出或是消亡。而数字化转化依托文化资源来进行，因此，对于文化资源的普查就尤为重要。普查是对国家“十四五”规划内容涉及的文化资源进行补充、完善、落实，在普查基础上结合现有数字化文化资源，摸透、弄清河北文化资源，确保精准转化，推进河北文化资源数字化进程。

传统的文化资源普查主要是以文献检索、资料编录、现场踏勘为主，这种方式存在许多局限与问题。首先，大量的人工操作会导致标准化、规范化不足，从而使普查工作标准低、效率低、难度大，以及错漏多、成本多、时间多。其次，运用传统普查手法得出的成果表达较为单一，多为文字资料和图片材料，缺少地理信息数据和资源空间分布特征的统计。这就非常不利于规划、建设管理部门开展有序、高效、合理的文化资源展示、保护和利用工作。最后，最为关键的一个局限即普查结果的保存。传统的普查方式不利于成果的保存及动态利用。在数字技术快速发展的当下，要想文化资源及文化产业得到合理的利用与发展，就需要一种高效、有力的创新手段来为文化资源的普查、管理、保护和利用提供保障。

运用数字技术开展文化资源普查，前期需做技术调研，即开展当前技术对河北省文化资源的适用性与可行性调研。用于文化资源普查的数字技术目前种类众多，根据普查方式、普查对象、普查成果等的特点需采取不同技术，进行有针对性的内容采集。文化资源普查内容包括资源属性、照片、空间区位等内容。资源属性包括每项资源的登记序号、名称、类别、级别、所在地点或区域、时代、规模、地理特征、周边环境、形态、结构、用途、价值评估、拥有者、使用者、管理机构和管理措施、文献著录、调查机构和人员信息等 80 余项。另外，从属资源属性包括分序号、单体名称、原功能、现用途等近 10 项。在对河北省文化资源大致把握后，基本可以确定文化资源普查工作的重难点，可以有针对性地选用数字技术，如地理信息系统（GIS）、遥感技术（RS）、北斗导航系统（BDS）等。确定、掌握了普查技术手段之后，还需与相关部门合作，制订基本技术规范，规范技术使用范围和使用方式，合理合法获得文化资源内容，确保普查结果的准确性与科学性。

（二）建立全省文化资源数据库

文化资源数据库是文化建设的基础性工程，其核心为数字技术。文化资源依托各类技术，其保护、传承力度大大提高，传播手段增加，大大提升知名度和关注度，最重要的是实现了内容抽象化向具体化的转化与创新。文化资源数据库是开拓文化资源传播空间和路径的重要形式，在数字技术的辅助下，将快速锁定文化事业发展的难点、痛点、堵点，充分挖掘其优点、亮点、创新点，并催生出新文化门类和文化新业态，以数字文化资源推动文化产业向数字文化产业转型。

数据库建立的主要目的即便于查找与利用。利用文化资源发展文化产业就要对文化进行精准定位和准确了解，而文化多样性及多变性致使文化定位难，因此，为了便于保护、传承与利用文化资源，需构建系统的文化资源数据库，把分散在各系统的文化资源进行整合，实现其数字化、可视化。

文化资源数据库建设，最基础的是要采集文化资源。对有关文化资源及文化信息的采集应组建数据库建设采集团队，除实地采集外，还可从国内外收藏有河北省文化资料的部门采集相关资料。如对各高等院校、博物馆、史志办、图书馆、文物管理所、档案馆、省市社科联、各种社会团体、网络电子资源以及其他可能收藏有关河北省文化资料的部门，采用征集、购买或下载等采集方法，尽可能全面地完善数据库。举例来讲，如建设大运河文化资源数据库，这是一项长期、技术含量高、复杂又细致的工程，又是一项全新的工程。建库人员在建设过程中逐步探索学习、积累经验，因此凝聚一个核心建设团队对大运河文化资源数据库高质量、高标准建成尤为重要。同时，大运河文化资源数据库内容庞大，涉及的学科领域众多，因此大力宣传、争取多方支持协作是大运河文化资源数据库顺利建设的必要措施。核心建设团队最好由领导挂帅，这会在人力、物力、财力和环境等诸多方面为大运河文化资源数据库建设提供有力的保障。建库人员应选用具有文献学、网络、数据库方面知识的人员，并加强其本职工作责任意识，组织其参观学习、参加数据库建设培训，精细分工，设置专项工作小组，如建库方案设计组、资源采集组、资源加工组、源数据（数据的数据）加工组、质量监督核查组等，以保证大运河文化资源数据库建设工作有序、高效、高质进行。

此外，还需明确文化资源数据库建设原则。首先，在建设文化资源数据库时，应注意数据库标准化和规范化建设，加强质量监控，在数据加工和处理时要采用国家标准，建设标准化、规范化的文化资源数据库。其次，要把文化资源数据库建成高质量的数据库，科学地挑选文献资源是第一步。先全面地收集文化资料，然后聘请各方面文化研究专家、学者对收集的资料去粗存精。最后，建设文化资源数据库的技术要先进，要充分考虑构成体系，全局性地规划好长期的发展目标，保证软件、硬件设备的配备，充分考虑配置问题，确保文化的纸质资料及图像、音频、视频等资料的数字化。

（三）文化资源赋能实现数字化转化

信息技术革命给文化资源的数字化带来高质量发展的机遇。“信息化为中华民族带来了千载难逢的机遇。”“文化和科技融合，既催生了新的文化业态、延伸了文化产业链，又聚集了大量创新人才，是朝阳产业，大有前途。谋划‘十四五’时期发展，要高度重视发展文化产业。”习近平总书记的重要讲话为河北省文化资源的产业化、数字化指明了方向。新冠疫情加速文化资源数字化赋能，文化馆、博物馆、旅游景区借助各项科学技术实现数字化、网络化、智能化融合，加速将文化资源打包上“云”，进行云游、云播、云演，实现用户数字化沉浸式文化体验，转型数字文化产业。在这方面，故宫文创最具代表性，故宫文创内核即通过挖掘文化亮点构建 IP。故宫文物 IP 文创产品的数字化实践表明，数字经济时代文化资源数字化转型的重点将围绕 IP 展开，包含 IP 的开发、塑造、衍生、维护、进阶等，也就是构建一个围绕 IP 的文化资源开发圈，以网络、消费、生活为依托，形成生态圈、消费链、价值体系，从而拓展文化资源的数字化产业链。敦煌的“飞天”、故宫的“朕”等 IP，以全新的数字理念搭建文化脉络体系，构造文化场景，并最终形成数字文化形态进行传播、展示消费，同时还形成数字化网络消费文化产业链，满足人们对数字文化的消费需求。以上述例子为借鉴，河北省应当找准 IP 开发重点方向，即将合适的文化资源塑造成新颖且积极向上的 IP。文化资源的数字化赋能以及 IP 开发不是一蹴而就的，这项工作当从基础做起。首先，河北省应联合政府、企业探索制订《区域性、线性文化遗产数字化、产业化发展条例》，厘清各个部门职责，对河北省“一体两翼六带”的文化产业发展格局进行数字化发展规划。其次，找准河北省定位，即文化产业数字化发展的重心。河北省可在大运河、长城、冰雪、太行山等方面进行文化产业数字化试点。同时，为了塑造良好的产业发展氛围和合理竞争环境，还需要建立健全强有力的监督管理机制，促成文化产业良性竞争稳步发展。

21 世纪以来，3G（第三代移动通信技术）技术促进了人与人的沟通与互动，4G 技术延伸了人对媒介信息的掌控，即将覆盖全球的 5G 技术也将带来人类社会的历史性变革，人工智能、虚拟仿真、增强现实、3D 全息影像等技术将更为贴近真实生活。高速率、广泛化、低延时技术模糊了传统媒介要素的固定角色，使万物互联、信息交互无所不在，每个信息实体都可能成为传播者或受众，传播渠道的多样化使媒介融合成为大势所趋。对于沉淀着知识、技能、空间等表现形式的中华民族传统文化而言，信息多元化、生活智能化意味着传统与时代的博弈。河北省作为文化资源大省，毗邻京津，有区位和自身条件优势，应当把握住这场变革中的机遇。因此，需要借助互联网等平台及科学技术，打造具有河北特色的文化品牌，培育文化产业增长长效动能。

在当前文化 IP 充斥的时代，文化 IP 重构就显得尤为重要。首先，在数字网络快速发展的时代，文化传承的历史使命是在瞬息万变的信息潮中彰显民族群体认同。每一项人类传统文化都蕴含着岁月沉淀下来的集体记忆与民族认同，在“文化上同化他人之力最为伟大，对于外来文化，亦能包容吸收，而初不为其动摇变更”。只有重新构建吸引大众持续关注、彰显文化张力和价值观认同的文化 IP，才能扩大传统文化的媒介价值，使之重新融入民众社会生活。河北省众多文化资源，其价值因数字时代频繁的信息更替而被忽略，对此我们应思考的是，如何重构适应时代发展的文化 IP，重新探索文化传承途径，扩大、延续文化价值。其次，随着大众传播媒介的更新换代，信息传递细节更精准、观感更立体，使受众对于艺术审美、娱乐消费的需求增长，这体现在文化 IP 的影视化、艺术化、产业化趋势上。20 世纪末，诸多影视文化 IP 曾带来传统媒体的巅峰时刻。每个传统文化 IP 都可以通过多种途径进行重构并尝试跨界延伸，进而设计相应的文化传播体系，整合媒体营销策略，促进多媒介呈现和时代传承。

无论何种文化资源，要想实现 IP 转换、数字转换，要抓住几个要点。其一，兼顾故事性和传统经典。在资源共享、数据爆炸的今天，热点、资源、信息唾手可得，海量信息流包含了人们想要了解的、感兴趣的一切内容，这样的背景下，文化产业首要任务不是创造更多内容，而是使文化内容脱颖而出不被淹没，这就需要做好文化内容的故事性开发。好的故事不是单纯提取文化资源中已有的信息，而是要紧密结合社会发展潮流，增强经典文化的可创性和延伸力量。其二，文化定位要准确。不同社会群体的喜好决定了他们会受什么文化影响，切合不同年龄段群体的心理与兴趣，有针对性地进行文化资源转化，或是一种文化设计多种表达，满足受众群体需求，可促进传统文化的认同与传播。其三，跨界延展与合作。数字时代信息传递没有界限，信息交流也是多维度的，IP 重构要结合这种趋势，立体地、多维地打造文化资源，构建传播形式。最常见的跨界即与影视、产业、系统的关联，可将优质 IP 故事影视化、系统化、产业化，且不局限于一种形式。多种形式、多种展现方式尽可能实现文化价值的整体营销，使各类平台能够方便快捷地达成媒介互动与形式转化，这样才能实现 IP 多重媒体营销，从点到线，从线至面，进而全方位推进传统文化的跨界延展与传承传播。

第五章　数字经济时代河北省大运河文化产业带发展现状与发展策略

中国大运河是世界级文化遗产，大运河文化建设是我国文化发展的重要方向之一。随着对大运河文化保护、传承的不断加强，大运河文化资源的开发利用也将成为河北文化产业发展的重要方向。尤其是随着数字技术的发展，“科技＋运河”的方式不仅是增强大运河文化体量、传承大运河文化遗产的重要方式，也是盘活大运河周边文化产业的重要方式。大运河文化带河北段是大运河文化带的重要组成部分，包括卫运河、卫河、北运河、南运河、永济渠遗址以及白洋淀与大运河连通部分。① 大运河河北段流经廊坊市、沧州市、衡水市、邢台市、邯郸市。在数字经济时代，河北省大运河文化产业带的实践与应用是主要对以上几个城市展开研究与分析。

---

① 李杰、刘宇洋、郭洁、赵羽达：《河北省大运河文化带的融媒体建设路径研究》，《产业创新研究》2020 年第 20 期。

一、数字经济时代廊坊市大运河文化产业带发展现状与发展策略

（一）廊坊市大运河文化产业带发展整体概况

根据中共中央办公厅、国务院办公厅2019年2月印发的《大运河文化保护传承利用规划纲要》和河北省编制完成的《河北省大运河文化带保护传承利用实施规划》，大运河廊坊段范围被确定为两部分。一部分是北运河段（香河），古称沽水、白河、潞河，现经北京通州桥上村村南进入香河境内，经五百户镇双街村流入天津武清界，县内河道长21.7公里，自北向南流经安平、淑阳、钳屯、五百户4个镇。另一部分是大清河赵五新河段，由白洋淀入文安、霸州境内，流经赵王新渠、东淀后，经海河干流入海，全长60公里。①

近年来，廊坊市致力于对大运河文化的传承与保护工作，采取一系列措施来达到保护与传承的目的。

首先，持续加大文物保护工作力度，编撰《运河——香河》（中英文对照）、《中国大运河——香河》宣传册并向省文物局报送，为北运河廊坊段遗产保护工作造势，争取支持。依据河北省政府《中国大运河河北段遗产保护规划》，积极对接省文物局，研究编制了《廊坊市运河遗产保护规划（2010—2030）》，对北运河廊坊段河道、青龙湾减河、土门楼枢纽、金门闸遗址、宝庆寺以及“中幡”等非物质文化遗产进行宣传保护。

---

① 刘涛：《廊坊市大运河文化带发展现状与策略研究》，《旅游纵览》2020年第17期。

其次，深入推进非物质文化遗产保护传承。廊坊市认真贯彻《非物质文化遗产法》《河北省非物质文化遗产条例》等法律法规，通过加大资金扶持、组织展演展示等方式，不断推动全市非遗保护工作深入开展。从2007年至今，廊坊市22项国家级非遗代表性项目先后申报并争取了中央专项资金共计1400余万元，使非遗项目技艺不断提高、传习场所不断改善、传承队伍不断扩大。廊坊市组织大厂花丝镶嵌、安次第什里风筝等非遗项目多次参加中国非遗博览会、成都国际非遗节、中国国际进口博览会等国家级和省级非遗专题展会，并走出国门，到美国洛杉矶、马来西亚吉隆坡、匈牙利布达佩斯、波兰华沙等地进行国际文化交流，传播独具魅力的廊坊非遗文化。在民族传统节日和全市重大活动期间，廊坊连续举办了14届“幸福廊坊”文化艺术节非遗展演活动、9届廊坊特色文化博览会、3届非遗项目精品展以及“非遗过大年 文化进万家”系列文化活动、2020廊坊非遗购物节等活动，承办了河北省第七届民俗文化节、第三届京津冀非遗联展暨第十届河北省民俗文化节、2021年河北非遗购物节等活动，连续3年举办了“非遗大讲堂”和“非遗展演进万家”活动，扩大了廊坊非遗项目的社会影响力。

（二）廊坊市大运河文化产业带保护现状

1. 运河修复情况

廊坊市北运河生态整治项目规划，分三期在香河北运河全段、堤线以内的26平方公里范围，实施防洪、河道岸线修复及生态湿地维护、景观绿化等工程建设；实施运河大道绿化、运河文化公园建设等多个运河沿线景观绿化工程，沿岸两侧1000米范围内全部实现绿化，绿化面积达8平方公里，生态景观整体形象得到明显提升；认真落实河长制，实施河道整治工程，对河道内违建进行拆除，对岸线垃圾进行集中清理。近年来，廊坊市先后完成姚止务险工和曹店跌水橡胶坝修复工程，完成曹店橡胶坝至土门楼枢纽段 8.6 公里河道清淤疏浚、6.46 公里岸坡防护，防洪标准提高到 50 年一遇。

2. 香河非物质文化遗产情况

香河县拥有国家级非遗项目 1 项，为安头屯中幡；省级非遗项目 4 项，为大河各庄竹马会、五行通臂拳、香河西南街音乐会、烧蓝技艺；市级非遗项目 20 项，为香河吹歌、王家摆大头会、大鲁口村龙舞、西路评剧、文武高跷会、玉雕、花丝制作技艺、珐琅镶嵌制作技艺、古建模型制作技艺、香河肉饼制作技艺等；县级非遗项目 127 项，为焦康庄狮子会、核雕技艺、墨刻葫芦制作技艺等。这些非物质文化遗产与大运河有密切联系，保护这些非物质文化遗产将有利于大运河文化的保护与传承。

3. 香河文物遗址情况

香河县境内运河两岸文物点共计 8 处，分别为：位于红庙村村南的红庙村金门闸遗址；位于王指挥庄村北的清代、民国时期的宝庆寺遗址；位于孙家止务村村西的民国时期孙家止务村村西沉船点；位于红庙村村南明清时期的红庙村村南沉船点；位于陈辛庄村西北的清代的陈辛庄村遗址；位于王家摆村内的王家摆村墓群；位于吴打庄村村西的金元时期的吴打庄村村西沉船点；位于王家摆村村东的明代的王家摆村村东沉船点。其中，红庙村金门闸遗址是清代北运河及青龙湾减河（王家务引河）重要的水利工程设施，也是北运河保存至今的唯一的清代减河闸遗址，对研究北运河乃至中国大运河的历史具有重要的价值。

4. 数字经济时代廊坊市发展运河文化相关产业的初步探索

2020 年 9 月 21 日至 22 日，廊坊市举办“2020 年廊坊市文化旅游产业发展大会”，突破了以往“单县”办会模式，由霸州市、文安县和大城县三地联合承办，以“赏人文东淀，游乐道廊坊”为主题，采用“线上＋线下”办会方式，充分利用互联网、数据云等信息技术，通过网上直播和视频会议的模式开展“云签约”、商品“云销售”等活动。廊坊市文广旅局还搭建了网上“云展厅”，通过 VR、3D、视频、图片等形式重点宣传展示霸州市、文安县、大城县三地人文历史积淀和特色旅游资源，如文安大清河人文纪念馆、赵王新河洼淀文化景观带亲水平台、文安鲁能生态城，霸州牤牛河历史文化公园、华夏民间收藏馆，大城红木文化产业新城、九间房葫芦艺术小镇，旨在打造永不落幕的文旅大会，向公众展示了廊坊围绕大运河文化开发南部三县的决心。

（三）数字经济时代廊坊市大运河文化产业带实践

1. 着力做好顶层设计

围绕落实《大运河文化保护传承利用规划纲要》和河北省出台的《河北省大运河文化保护传承利用实施规划》，2018 年 6 月，廊坊市启动了《廊坊运河文化带发展研究报告〈廊坊大运河（香河段）保护传承利用实施规划〉》编制工作。目前，研究报告和实施规划均已取得初步成果，对大运河（廊坊段）文化带的定位和发展方向、空间布局、体制机制创新、支撑政策编制、遗产保护利用、绿色生态廊道建设、河道整治以及疏浚通航、旅游发展、沿线新型城镇化和美丽乡村建设、产业融合和结构升级等进行了深入研究和谋划。

2. 利用数字技术做好文化遗产传承保护

2019 年 8 月 12 日，香河大运河文化传播“云名片”——“千年文脉·大运怀淑”在首届香河县文化和旅游产业发展大会上正式发布上线，这是我国首张大运河文化传播“云名片”。香河大运河文化“云名片”包括“香河印象”“运河钩沉”“文化志略”“地图导览”四大部分。其中，“香河印象”部分包含香河概况及香河大运河有关的民宿、交通、历史、美食、节庆和非遗项目介绍；“运河钩沉”部分涵盖北运河的漕运水务、流域变迁和香河段的运河传说、风物遗存、历代名人、淑阳八景、村镇源流地介绍；“文化志略”部分分为香河的传统曲艺、传统戏剧、传统音乐、诗词文化、传统手工艺、传统武术、民间花会七大类内容；“地图导览”部分用图文和 VR 全景介绍香河代表性的历史遗存和文化设施。

香河大运河文化“云名片”是采用全景技术、虚拟现实技术、大数据定位技术、移动互联网技术打造的一款移动端数字轻应用平台，用户无须下载、无须安装，通过扫描二维码即可直接进入应用中；用户可以随时随地通过手机、平板电脑等终端打开并使用“云名片”，并且可以便捷地在微信、微博等平台进行分享和传播。该“云名片”实现了文字、图片、音乐、视频、VR 全景多频互动，可以称得上是香河大运河文化的数字博物馆，对香河大运河文化的传播起到了重要的催化作用。

（四）数字经济时代廊坊市大运河文化产业带发展策略

大运河文化是人类文化的重要组成部分，也是中华民族文化多样性的依托部分，更是不可再生、珍稀的文化资源。我们放眼世界，任何一种优秀的传统文化，只有与时俱进，不断创新发展，同时又彰显自身的特色魅力，才能保持持久的生命力，并给人们的幸福生活提供条件，满足人们精神生活和物质生活的需要。目前，有很多非遗项目缺乏创新，逐渐被时代遗忘。数字经济时代，随着大数据、云计算等技术应用的逐步普及，文化产业的信息处理方式、经济发展模式、思维方式发生深刻、全面的革新，这也为廊坊的大运河文化的继承和保护带来了新的历史机遇。

1. 打造廊坊大运河文化大数据云平台项目

廊坊应通过云计算、大数据、区块链等先进技术建设廊坊大运河文化遗产的大数据共享和分析平台，将廊坊大运河文化中包含的非遗项目、传承人及其作品统一分类，借助网络、通信、创意、新媒体、金融等行业力量，跨界融合，对廊坊市大运河文化非遗项目进行全方位生态布局，传承和发展廊坊大运河文化精髓，以全新方式呈现其历史价值和艺术魅力。

利用数据库技术和多媒体技术将廊坊的大运河文化遗产资源整合到网络平台，建立廊坊大运河文化遗产数字博物馆，支持网络环境中廊坊大运河文化遗产资源的信息检索。同时，建立廊坊大运河文化遗产交流平台，支持互动式的网络信息浏览、编辑及交流。

总体目标是搭建一个廊坊大运河文化遗产数据库，最终以网站的形式发布。

2. 搭建大运河文化遗产传承人在线交流与联络平台

政府可以引导市场大力推广大运河文化资源中非遗项目的新媒体运营，培养大批有影响力的平台账号，推出一系列面向大运河文化中非物质文化遗产保护传承与创新的发展计划。

开发廊坊大运河文化数字化收录系统。通过搜集并整理廊坊大运河文化内容，对其进行辨别、归档、保护、开发、宣传。

筹划廊坊大运河 IP 保护方案。搭建物联网云服务平台，加强知识产权和文化版权保护，构建廊坊大运河文化知识产权及物权保护体系。

推出廊坊大运河文化非遗传习计划。廊坊师范学院拥有廊坊市非遗研究中心，可以通过与廊坊非遗传承人合作，共同搭建非遗研修、研习、培训平台，将廊坊市各种大运河文化非遗技艺内容充分融入教学课程和培训实践，从而提升廊坊市非遗衍生产品的设计制作及开发能力。①

推出廊坊大运河文化全媒体推广计划。整合廊坊市广播电台、电视台、报社、社会新媒体运营公司、廊坊师范学院传媒系等资源，构建廊坊市全媒体推广服务矩阵，在品牌创新、产品运营方面精准着力，为廊坊大运河文化提供立体、快捷的聚焦于文化品牌价值和影响力提升的专业服务。

推出廊坊大运河文化全渠道营销计划。适应时代发展，研究公众的体验偏好和消费理念，联合廊坊市现有的京东仓储平台，搭建廊坊大运河文化产品新销售平台，融通线上线下销售渠道与终端，为全国用户提供零负担、体验式购物方式，连接消费者与廊坊大运河文化产业企业及非遗传承人，积极推动传统产品转型，让更多消费者了解到廊坊大运河的文化内涵和价值。

推出廊坊大运河文化智慧发展计划。搭建人工智能分析系统，借助大数据的海量资源创建模型，通过数据分析，反哺促进大运河文化产业创新发展，从而形成智慧化发展的大运河文化保护、传承体系。

推出廊坊大运河公益慈善计划。联合社会各界积极筹建廊坊大运河公益慈善基金，以公益的方式集中社会各种资源，本着共赢的思路

---

① 文杰：《非遗文化在大学校园的传播路径探索》，《传播与版权》2021 年第 6 期。

给廊坊大运河文化保护、传承和发展注入持久动力和活力。

3. 进行大运河文化内容数字化创作

构建好廊坊大运河文化大数据平台和云平台后，还要借助平台生产出好的内容。内容创作包括：

建设廊坊大运河文化门户网站。网站内容可以按政策、资讯、资源、学术、教学等板块划分，内容涵盖多媒体元素。网站还可以与相关文化企业网站建立链接。

开发手机 APP。为旅游景点开发宣传、推广相应运河文化的手机应用程序，如廊坊大运河非物质文化遗产云导游、“南汉宫廷忆述小镇”“老天利景泰蓝”等。

微课制作。制作多种大运河非物质文化遗产的宣传课程，传授制作工艺，向群众普及非物质文化遗产相关知识。

视频制作。增强大运河文化的新媒体运营能力，制作适合在短视频平台投放的廊坊大运河文化宣传短视频，说产品、讲故事，扩大廊坊大运河文化的社会影响力。

新媒体运营。在短视频平台运营有创意的大运河文化账号，扶持一批有影响力的廊坊大运河文化代言人，在网络中形成廊坊大运河文化账号的集群，合力提升廊坊大运河文化的影响力和辐射力。

开发廊坊大运河文化沉浸式虚拟现实和三维全息影像展示系统。新媒体环境下，廊坊大运河文化中的非遗文化可以借助文化与科技不断融合的契机，通过 AR、VR 技术得以多维展现。大运河非物质文化遗产活灵活现地展现是多维度的整体性工程，通过 AR 技术和 VR 技术对廊坊大运河非物质文化遗产进行“活化”传承，是新技术在文化产业的创新应用。另外，利用三维全息影像技术还可以将大运河文化展馆现实场景与虚拟场景结合，达到历史再现的视觉效果。

二、数字经济时代沧州市大运河文化产业带发展现状与发展策略

大运河沧州段位于河北省沧州市中部，南北贯穿沧州市域，为海河流域漳卫南运河系的下游河道南运河的一部分。近年来，沧州市针对大运河进行过很多专项规划，并设有运河数据库专题。公开资料显示，2020 年，沧州市投资 276 亿元，谋划实施 61 个重点项目，推动大运河文化带逐渐发展成为沧州“河海相济，动能强劲”的重要增长极。科技和互联网技术的发展为传统文化的保护与传承提供了更为多样的手段，如何利用数字化手段对大运河文化带进行保护、传承与开发，是我们当下应当重点思考的问题。

（一）沧州市大运河文化产业带发展整体概况

沧州市境内南运河起自吴桥大兴庄村，流经吴桥、东光、南皮、泊头、沧县、运河区、新华区、青县等 8 个县（市、区），于青县李又屯村村北出沧州境，沧州是运河流经的河北省城市中里程最长的城市。① 大运河沧州段保持了历史河道的原真形态，是京杭运河沿线人文历史价值、环境生态价值最突出的典范。

1. 沧州段运河基本情况

沧州大运河源远流长，是沧州的“母亲河”，促进了历史上沧州的经济发展与繁荣，也是当前沧州一道重要的文化长廊，折射出沧州的发展历史，凝聚着城市的文化内涵。

---

① 于园园、安琪、郭晓月：《沧州运河沿线特色小镇的建设思路——以沧县兴济镇为例》，《沧州师范学院学报》2021 年第 2 期。

从历史上看，大运河沧州段的开凿始于东汉建安九年（204 年），是在曹操所开白沟、平虏渠、利漕渠等区间运河的基础上形成的，隋唐时期沧州段运河为永济渠的一部分，宋元时期称御河，明清时期称卫河。历史上，大运河在促进沧州农业、盐业、酿酒、商业发展等方面都发挥了重要作用。在农业方面，虽然历史上水患频发，但大运河依然是沧州农业灌溉的重要水源。在盐业方面，《魏书·食货志》记载，“……沧州置灶一千四百八十四”，大批食盐通过运河运往江南及各地。在酿酒方面，取水于运河的沧州酒被乾隆年间进士阮葵生评价为“味始清冽”，借助于运河之便利而闻名天下。在商业方面，明、清相继定都北京，运河漕运愈发重要；至清代，沧州及其境内的泊头、河间、献县等均为京杭大运河的交通要冲，成为京、津、冀、鲁、豫等地商品流通必经之地或商品集散中心，这使沧州迎来了商业上的繁荣。

从水工价值上看，大运河沧州段最具代表性的水工体现在两个方面。一是弯道代闸。为了解决水量变化较大给航运带来的困难，大运河沧州段在自然河道的基础上，通过人工做弯的方式，以蜿蜒曲流的河道形态对航道水面坡降做出调整，将河道纵比降减缓，便于行船，不建一闸而实现航道水力特性的调整，同时满足干流行洪的需要，并有效提高了通航质量，其综合工程效益被归纳为“三弯抵一闸”。这种人工做弯体现了古代运河在工程规划方面的科学性，是中国水工智慧的重要体现。二是固堤防洪工程。南运河地势较高，有些河段高于两岸地面，全靠堤防约束。而堤防多弯曲易导致堤岸塌落，险段甚多。为解决这一问题，南运河多采取夯土加固工程措施对堤岸进行加固。南运河这种险工段加固工程，以及河道工程管理中利用洪水冲淤、泥沙固堤等措施，都体现出古代河工技术中以堤治河、以河治河的特点。

《大运河沧州段文化遗产名录》共收录沧州176处文化遗存点，其中包括全国重点文物保护单位8处、河北省文物保护单位8处、沧州市文物保护单位6处、县级文物保护单位8处。不同类型的文化遗产从不同的侧面反映了沧州段运河沿岸城镇布局、工商业发展、军事建筑及文化传播的发展过程，是运河价值得以体现的载体。这些遗存既是了解过去、对话历史的重要桥梁，也凝聚了不可多得的文化价值和历史价值，对数字经济时代背景下大运河文化产业带的建设和发展意义深远。

2. 数字经济时代沧州市大运河文化产业带建设

沧州市对大运河文化产业带建设高度重视，自2008年以来，市政府针对大运河进行过很多专项城市设计，并在城市总体规划与控制性详细规划中都设有运河专题。① 近年来，沧州大运河文化产业带建设工作蹄疾步稳，在《大运河文化保护传承利用规划纲要》《长城、大运河、长征国家文化公园建设方案》等国家级规划的引领下，沧州市在城市区层面构建了“1＋2＋N”规划体系，“1”即《沧州市城市区大运河文化保护传承利用规划思路》，“2”即《沧州城市区大运河文化带建设规划》《沧州城市区大运河文化带控制性详细规划》，“N”包括专项规划、修建性详细规划及工程设计，总的来说，沧州大运河文化产业带项目建设不断提速。②

① 秦博闻：《沧州京杭大运河沿岸景观风貌改造与更新研究》，硕士学位论文，天津大学，2018。

② 刘涛：《廊坊市大运河文化带发展现状与策略研究》，《旅游纵览》2020年第17期。

3. 抓住机遇以数字经济引领大运河文化产业带建设

2022年5月，河北省召开第十三届人民代表大会常务委员会第三十次会议，大会通过了《河北省数字经济促进条例》，以此来促进河北省数字经济健康发展，培育经济增长新动能，加快建立现代化经济体系，推动社会经济高质量发展。沧州市对此十分重视，在政府官网对该条例进行了转载并进行了深入学习，抓住数字化发展机遇，以数字经济引领大运河文化产业带建设。如沧州市大运河文化发展带建设办公室在部门主要职责一栏提及：文化带研究院承担大运河文化带保护、传承、利用的研究；联系高等院校、研究机构和相关组织，定期开展学术研讨；开展跨领域合作研究，推进研究成果转化；承担大运河数据库和智慧管理平台的运行和维护。

（二）沧州市大运河文化产业带保护现状

数字经济时代，要想建设好大运河文化产业带，保护是基础。沧州市秉承整体性保护原则，发挥水利工程设施遗存的功能价值，保护大运河附属遗存，保持大运河相关遗产的传统格局和历史风貌，维护大运河的自然生态和景观环境。

宏观上，政府不断加强大运河文化遗产的保护和管理利用，将大运河遗产保护纳入本市国民经济和社会发展规划，抓住数字经济时代发展机遇，出台相关保护文件，将大运河文化遗产保护经费纳入财政预算，鼓励通过社会捐赠等方式筹集大运河文化遗产保护资金，并与时俱进，利用数字技术保护大运河文化。具体而言，保护工作主要体现在生态环境保护、历史物质文化遗产保护和非物质文化遗产保护三个方面。

近年来，沧州市全力推进大运河沿线绿化工程。根据沿线林业现有基础和特色资源，沿大运河河道（不含城区段）建设宽度不低于2000米的绿廊，构建自然、富氧、舒适的景观带。随着植树造林力度加大，一个个森林公园、采摘园、生态休闲园等相继涌现。从全市范围来看，“林水相依、绿廊相连、绿块相嵌”的大运河绿色长廊已经初具规模。

在抓好大运河沿线绿化工程的同时，沧州市还组织开展了大运河垃圾处理、河道清淤、拆迁拆违、生态修复等工程。2018年国庆节，占地面积约80万平方米、总投资近1970万元的大运河生态修复与环境卫生整治工程展示区正式对外开放。可以说，在保护的基础上，沧州大运河迎来了涅槃重生的新时代，越来越多的市民也开始享受到运河带来的“红利”。

但从大运河水质来看，情况并不乐观。为此，沧州市编制了《大运河文化带（沧州段）建设水生态环境治理方案》，开展常态化巡查监测和引水期间水质监管。突出抓好南运河省考断面水质治理工作，确保考核断面水质达标。开展大运河流域涉水环境排查整治专项督导行动，对工业企业污水处理设施运行和污水排放等情况进行重点督导。①

沧州有着悠久的历史，也拥有许多珍贵的物质文化遗产。随着岁月的流逝，一些文物古迹已经消失不见，如幞头城等，但也有许多历史遗存历经风霜仍存在，成为历史的见证，连接着过去与现在，如连镇谢家坝、泊头火柴厂等。

大运河文化遗产包括大运河河道本体；大运河水工设施遗存；大运河附属遗存，如古建筑、近现代建筑、古遗址、碑刻、窑址、原生

① 《2019年沧州市生态环境质量公报》，https://hb.cangzhou.gov.cn/hb/c102166/202007/1c7f0f55a7c140b39f5c659cb4372503.shtml，访问日期：2022年10月20日。

景观以及各类伴生历史遗存；大运河相关遗存，包括历史街区、村镇、工业遗产等。沧州市大运河沿线的历史物质文化遗存保存状况有好有坏，参差不齐，总的情况是：河道、水工设施遗存、碑刻、古建筑类保护较好，遗址类保存状况较差。如连镇谢家坝、青县铁路给水所、沧州文庙等保存较好。政府近年来对吕宅、沧州清真北大寺、泊头清真寺、正泰茶庄等建筑进行了修缮；幞头城内建筑均无存，但在各项建设中发现了较多遗迹。

总体来看，沧州市大运河沿岸物质文化遗产保存效果并不理想，仅有少数历史遗存保存有原来的面貌。目前，当务之急就是尽可能多地保护所有历史文化遗产，抢救保存状况较差的历史遗迹。

在这种背景下，近年来，沧州认真梳理大运河文化遗产资源，着手从市级层面完善系统性文物保护工作方案。如实施文化遗产普查建档工程，做好大运河沧州段全线考古勘探研究工作，重点对重要古城址进行考古勘探和发掘，做好大运河流域文物调查，编制建立遗存名录和档案；实施文物保护维修工程，划定并公布各类保护对象的保护范围和建设控制地带，对泊头清真寺等文物遗存进行修整等；实施生态系统保护工程，划定生态空间核心监控区管控范围，启动大运河生态保护红线勘测定界工作，严格水域岸线用途管制和土地开发利用；制定大运河核心监控区负面清单，列出不能投资的领域和产业，针对不符合要求的已有项目和设施制定搬离方案；明确大运河在水资源保护、水域岸线管护、水污染防治、水环境治理、水生态修复、执法监管等方面的主要任务，制定实施计划和管理保护措施。①

沧州运河沿岸丰富的非物质文化遗产不仅是沧州历史的积淀，也

① 徐宁、张丽云、栗志强、乔良、石佳玉：《河北大运河文化旅游资源保护与开发对策研究》，《中国集体经济》2020 年第 9 期。

是城市发展过程中重要的文化资源。经调查统计，大运河沧州段现有国家级非遗项目 10 项、省级非遗项目 59 项、市级非遗项目 190 项、县级非遗项目 118 项。沧州大运河沿线非物质文化遗产呈现出种类丰富、特色鲜明、文化艺术价值较高等特点。如吴桥杂技、沧州武术、泊头铸造技术、河间歌诗、青县哈哈腔、沧州木板大鼓、沧县运河船工号子等历史悠久，均是大运河沿岸优秀的非物质文化遗产，具有较高的历史和文化价值。

随着时间的流逝，在现代化和城市化的冲击下，很多优秀的非物质文化遗产面临技艺消亡、后继无人等危机。虽然近年来随着社会的发展，吴桥杂技、沧州武术这两项非物质文化遗产有了更广阔的传播空间，但在向外传播、走出区域的同时，沧州本地居民对这些珍贵的文化遗产的兴趣却越来越淡薄。并且，目前在传承过程中，传承方式单一，科技含量低，未跟上数字经济时代所带来的新潮流，也影响了当地非遗文化传承创新的效果。

面对上述状况，沧州市积极开展非物质文化遗产的保护工作。沧州国际武术节于 2010 年正式升格为国家级节庆和国际级赛事，中国吴桥国际杂技艺术节也已迈入国家级艺术节的殿堂，成为我国杂技艺术领域规模最大、规格最高的国际杂技艺术节。这两大节事对武术文化和杂技文化的传承发挥了积极的促进作用。与此同时，沧州近年来对沧县运河船工号子、河间歌诗等濒危项目进行抢救和复兴。比如，针对一些掌握歌诗素材及会用古韵吟唱《诗经》的人年事已高、传承出现困难的状况，有关组织对歌诗笙谱进行抢救挖掘和记录整理，并对传承人的作品进行录音、录像、拍照和文字记录，把传承人的作品、歌唱活动、传承活动、日常生活情况等进行全景式记录储存，这也是沧州市对于数字经济时代文化保护与传承的初步探索。

除此之外，在数字化背景下，沧州市还应当引进先进的信息处理技术，改变传统的非遗文化艺术传承发展理念，优化保护内容，做好确认、立档、保存、弘扬等工作，让非遗文化焕发新的活力。①

总体来看，近年来，沧州市积极围绕运河做文章，坚持“保护优先、文化引领、生态铺底、还河于民”理念，着眼完善公共服务和运动休闲功能，努力把运河沿线规划建设成为具有沧州特色的经济带、文化带、生态带和旅游带。可以说，政府主导的大运河文化产业带建设已经取得阶段性成效，切实提升了城市建设品质和公众生活质量。但从保护现状看，还存在经费不足、人员配备不足、普查统计不全面、民众意识淡薄、保护传承措施科技含量低等瓶颈和制约问题。

（三）数字经济时代沧州市大运河文化传承发展

大运河沧州段历史悠久，文化资源十分丰富，依托数字经济进行文化资源传承与开发的条件较好，且文化产业投资成本也较低。目前沧州市最具代表性的文化传承可分为以下几部分。

1. 武术文化

自隋代大运河开凿，运河航运兴起以后，沧州“居九河之险，通八省之衢，辖漕运之咽喉”②，境内多地成为货物运输的必经之地，为货物保驾护航的镖行也随漕运发展逐渐增多。例如，《沧县志》中有描述：“白山黑水之间，尤为吾沧镖客肩摩之地，是亦沧人之特色也。”明末清初，沧州武术已经十分兴盛，加之镖局众多，赢得了“镖不喊沧”的行业名声。

---

① 杨茜：《数字化背景下沧州段大运河非遗文化艺术的创新与传承》，《艺术评鉴》2022年第1期。

② 李秉哲、纪天翔：《任丘文史资料·六座古城（第1辑）》，内部资料，1988，第115页。

据统计，沧州在明清时期出过武进士、武举人 1937 名。与沧州武术和武术家有关的事迹广泛流传于世。时至今日，还有很多沧州籍的武术运动员在国内外大型比赛中驰骋，为国争光。精通戳脚拳、阴手枪的肃宁人苗晓兰，疯魔棍、劈挂拳集大成者沧县人王志海，多次在世界传统武术节上获得金牌。武术文化已经深入沧州本土文化并借助节庆活动、民间社团及教育组织不断发展壮大。全民尚武、全民参与的武术文化被不断延续。

2. 杂技文化

吴桥，作为我国杂技艺术的发祥地之一，其杂技历史悠久、艺术精湛，被称作杂技艺术的摇篮。1954 年，周恩来总理亲自命名吴桥为“杂技之乡”。

吴桥杂技的兴起和发展与运河有着极其密切的关系。大运河吴桥段完好保持着原始的运河景观，目前在吴桥已发现遗存点 4 处：桑园镇码头、安陵镇码头、赵家茶棚码头、第六码头。自隋唐以来，南运河即为南粮北运、北盐南运的交通要道。明代时，运河运量由元代丰水年 200 万石，增加到仅漕粮就有 300 万石左右。① 运河漕运的发达也促进了沿河商业与服务的发展，吴桥杂技艺人以运河两岸为主要表演和经营范围，沿街流动演出。后来，这些杂技从业者在运河两岸落地生根，逐渐发展出各具特色的门派类别，并借由运河走向了全国和世界。

3. 《诗经》文化

沧州的《诗经》文化资源十分丰富。“关关雎鸠，在河之洲。窈窕淑女，君子好逑。”著名的《关雎》一文描述的正是现在位于沧州

---

① 韩红雨：《国家与社会视野下沧州武术研究》，博士学位论文，上海体育学院，2015。

辖区的河间市。《诗经》的主要采集者、重要作者之一尹吉甫，其墓地位于河北沧州南皮县城西北。1982 年，尹吉甫墓被列为河北省重点文物保护单位。西汉时期著名的经学家韩婴是沧州任丘人，他的诗歌主要流传于燕赵一带，其作《韩诗外传》是实际运用《诗经》的著作。西汉河间王刘德“修学好古、实事求是”，大、小毛公“搜求古籍、设帐收徒”，从而形成了古文经学的“毛诗”学派，令《诗经》广为流传。自此之后，沧州地区研究《诗经》的学术氛围空前浓厚。

2002 年，中国诗经学会在河间举办“毛诗发祥地考察及国际研讨会”。2014 年，全球百余位《诗经》研究学者齐聚沧州河间祭毛公。近年来，沧州河间市为了传承《诗经》文化，先后建设诗经公园、瀛洲公园，并全力打造国内首家以《诗经》文化为主题的博物馆。诗经公园以《诗经》文化为载体，结合中国古典园林的艺术特色打造，包括群众健身广场、庆典广场、诗经博物馆、步行文化街等单元。其中，诗经阁是全园的中心与高点，主要功能为《诗经》古籍资料的保存、展览与研究之地。

4. 运河文化

大运河是沧州的母亲河，泊头火柴厂和沧州铸造业的兴盛、太平军连镇兵败历史事件等也被大运河记录在历史中。沧州的遛百病、放河灯等风俗都映射出大运河的影子。

沧县大运河船工号子是大运河流域的船工们在长期的苦累劳动中创造并传承下来的一种口口传播的民间歌谣。主要类别有打锚号、打蓬号、拉冲号、拉纤号、闯滩号、撑篙号、摇橹号、绞关号、警戒号、联络号、出舱号，其演唱形式多是采用号头领唱、众船工合唱帮腔。① 2007 年，沧县船工号子被列入沧州市第一批市级非物质文化遗产名录。由于运河漕运功能的衰退和社会经济的变迁，运河船工号子已经成为绝响。

5. 非物质文化遗产

目前，沧州市共有国家级非物质文化遗产项目 19 项、省级 124 项、市级 435 项，县级 788 项；国家级非遗名录项目代表性传承人 15 名，省级非遗项目传承人 154 名，市级非遗项目传承人 432 名，县级非遗传承人 889 名。以国家级非物质文化遗产为例，有曲艺类别的沧州木板大鼓、河间西河大鼓；有传统体育游艺的孟村八极拳、劈挂拳、燕青拳、六合拳；有传统戏剧青县哈哈腔、河间皮影戏；有传统舞蹈沧州狮舞；等等。这些非物质文化遗产不仅具有深厚的文化积淀和历史价值，还具有非常灵活的表现形式，有助于繁荣地方文化产业，促进文旅发展。

（四）沧州市大运河文化产业带实践应用

近年来，沧州政府与民间组织充分利用沧州丰富的文化资源，对运河文化进行传承与发展。

1. 沧州市大运河文化产业带文化精品生产与创造

沧州各界文艺团体组织加强对大运河相关文艺创作的支持。2019 年 11 月，中国画写意艺术研究会在沧州博物馆举办画展，推出迄今为止沧州运河的最长画卷——《大运沧州盛景图》。这幅画卷长 21.6 米、高 2.15 米，涉及人物千余个，它穿越时空、鸟瞰大地，联结历史、现在和未来。2020 年 1 月，沧州美术馆举办“千年运河，诗意沧州”主

---

① 范铮、刘用良：《沧州大运河船工号子研究》，《沧州师范学院学报》2018 年第 4 期。

题书画展，展出200余件书画作品，内容集中在对《诗经》和运河的吟咏。沧州博物馆以“知运河历史，讲运河故事”为主题，重磅推出“2020年沧州博物馆大运河巡回展”，通过应运而生、智慧运河、运河之“运”、运河之“韵”、运河诗词鉴赏和运河绘画征集六大部分展示运河的发展历史和文化。

2. 沧州市大运河文化产业带特色小镇文旅建设与发展

丰富多彩的文化资源形成了各具特色的文化小镇，沧州市因地制宜，根据不同小镇的特点打造独具特色的文化名镇。包括吴桥杂技文化名镇、东光生态文化名镇、泊头手工业文化名镇、沧州旧城遗址与铁狮文化名镇、兴济运河小吃名镇、沧州武术文化名镇、青县红木文化名镇。

近年来，吴桥县联合多方社会资本与力量，打造了以“吴桥杂技大世界景区”“河北古籍印刷博物馆”“吴桥酒章文化产业园”“吴桥杂技文化服务中心”“吴桥杂技山水田园综合体”“吴桥安陵田园综合体”“吴桥国际杂技旅游文化产业园”七大项目为主体的吴桥杂技文化名镇。整合吴桥杂技各类产业载体资源，实现杂技艺术中心与杂技大世界的资源共享和市场互动，推动杂技大世界由单一观光型景区向以休闲度假、旅游消费为主体的复合型景区转变，共同构建“杂技文化地标—文化生产—文化消费”的产业生态系统。

东光生态文化名镇以氧生园运动休闲森林公园为依托，位于京杭大运河东畔，纵穿东光县东光镇、南霞口镇、连镇镇，是一个集自然景观、人文景观于一体的生态型公园，是一条绵延20公里的绿色长廊。近年来，为把大运河打造成富民强县的生态带、经济带、文化带和旅游带，东光县结合铁佛寺景区名人文化园、马致远纪念馆、荀慧生纪念馆、元曲文化公园等文化古迹，打造生态和人文相辅相成的全域旅游新面貌。

泊头前身为交河县，是闻名全国的铸造之乡，以王武、洼里王、寺门、郝村等历史悠久的工艺铸造村镇为基础，打造中国工艺铸造产业示范区，大力扶持工艺铸造骨干企业，支持瑞福特、艺美、兴林等重点产业项目建设。泊头三井十里香酒文化产业园包括“三园”（工业园、发酵园和大运河酒文化产业园）和“五大功能区”（工业生产区、生物发酵区、酒文化博物馆、接待中心、会议中心），通过全景展示“十里香”酒的纯手工老五甑酿造技艺，浓墨重彩地记录和传承大运河酒史文化。

沧州旧城又名狮子城、卧牛城。沧州铁狮子，又称“镇海吼”，于后周广顺三年（953 年）铸造而成。2019 年，借沧州市旅发大会契机，沧县政府利用 1 年时间对铁狮子景区和旧城遗址进行环境治理和综合展示提升，建成沧州铁狮与旧城遗址公园，着力打造集遗址保护、历史传承、文化交流、民俗展示、生态休闲等为一体的文化名镇。公园一期占地 16.8 万平方米，主要分为四大功能区：游客接待区、考古勘探区、古城印象区、文化展示区。其中，文化展示区是核心景观区，主要有沧州铁狮与旧城文化展览馆、沧县民间文化展览馆、铁狮文化园和铁钱库四个部分。①

兴济是明孝宗皇后的故里，自古是重要的水陆码头，以“兴复汉室，兼济天下”而得名。大运河穿镇而过，在历史上留下了“乾宁八景”的人文遗风：神堤烟柳、范桥古渡、龙祠灵应、驿亭甘井、丰台夕照、西泊渔樵、洪寺晓钟、卫河秋涨。兴济运河小吃名镇，以兴济乾宁运河文化公园为生态依托，建设集休闲观光、健身娱乐、美食体

---

① 《沧州铁狮子景区大变样！你都认不出来了！这些地方变化更大！》，https://www.sohu.com/a/345875403_99966636，访问日期：2022 年 10 月 20 日。

验于一身的综合田园体。在“运河小吃街”，汇集了以羊肠子为主要特色的漕运美食，不仅丰富了游客对运河文化的理解，也增添了游客游玩体验乐趣。

沧州武术文化名镇遵循“天下武家圣地，京津都市后花园，沧州文创新地标，区域发展新引擎”的目标导向，使生产、生活、生态三者融合，产、城、人、文四位一体，将运河文化、农耕文化、武术文化、禅修文化、城市经典记忆有机结合。计划建设中国沧州武术文化园，其中包括武术职业学院及武术文化园两部分。武术职业学院占地约 23 万平方米，主要包括教学区、训练区、辅助教学区；武术文化园占地约 36 万平方米，将文化景观、健身休闲、养生产品相结合，打造武术文化展示区、儿童运动体验区、武术民俗文化街及配套设施。按照明清古建园林、武术主题、汉唐风韵风格构筑沧州武术展示、交流、培训、创意、旅游的高端平台，推动沧州武术文化产业整体升级。

2012 年，沧州青县被评为“中国红木家具之乡”，之后又获得“运河古家具之都”的美称。青县红木文化名镇定位于“产业立镇，文旅兴镇”，先后引进清华美院、中国美院等新中式设计顶级团队，在传承传统制作技艺的基础上，挖掘文化内涵，为红木产业注入新血液。2021 年，青县以沧州市旅发大会为契机，对大运河红木文化馆进行改造提升。改造提升后的大运河红木文化馆，通过实物、模型、展板、声光电技术等多种形式，形象生动地展现出青县红木产业厚重的文化底蕴。

3. 沧州市大运河文化产业带生态与休闲文旅的开发

沧州市 2015 年开始“大运河沧州市区段景观改造”的工程建设，一至四期工程分别进行“运河生态产业区”“文化旅游功能区”“都市休闲功能区”“创意产业功能区”建设。2020 年 4 月，沧州市大运河文化发展带建设办公室提交有关部门的《关于沧州大运河文化旅游基础设施及生态修复提升改造项目可行性研究报告的申请》获批通过，规划在位于沧州市主城区大运河两侧，东至清池大道、西至浮阳大道、南至石黄高速路、北至京沪高速路范围内进行大运河文化旅游基础设施的改造升级。相信不久的将来，又会有很多富有沧州特色的运河生态景观与休闲娱乐功能区建成，让民众享受运河的生态红利。此外，运河景观带四期建设总投资 143.99 亿元，建设于渤海路至永济路，规划为创意产业功能区，将主要建设智慧 SOHO（家居办公）、影视乐园、智慧广场、文化创意环岛等项目。

4. 沧州市大运河文化产业带文创产业的激活与发展

文化产业带丰富的文化为文创产业的激活与发展创造了可能性，沧州市积极利用丰富的运河文化大力发展文创产业。

沧州打造文创核心功能区，激活民间文创发展新动力。规划建设清风文化艺术创意市集园区，包括：停车、便民服务区域，国际青年旅舍、旅行出差创业区域，咖啡、西餐区域，图书馆、美术馆、展览馆区域，文创、手作成品区域，影视设计工坊区域，手艺人创作区域，清风市集举办活动整体区域。

为大力支持文创事业，政府积极组织开展文创和旅游商品设计大赛，提供文创展示新平台。2019 年，河北省文创和旅游商品创意设计大赛期间，沧州首次提交文创作品 100 余件。为了促进全市文化和旅游商品的创新与研发，2020 年沧州市第二届文创和旅游商品创意设计大赛主题设置为“河海之城，沧州游礼”，活动围绕文化文物类、非遗类、乡村民俗类、重大题材类、生活创意类、融合创新类、红色创意类、景区和城市类等 8 个类别进行项目的征集和筛选，共征集作品

331 件。该比赛挖掘了众多具有沧州特色、运河符号的优秀文创产品，为引导文旅市场消费、满足游客购物需求、塑造沧州文旅品牌发挥了巨大作用。

在数字经济时代，沧州抓住发展新机遇，实现新突破。2020 年 9 月，京津冀非遗联展在沧州市大运河生态修复区举办，186 项京津冀非遗项目在线上、线下同步联展。线下开展各种活动，线上则突出非遗、科技融合。联展通过现场直播、网红带货等方式，贴近群众生活，聚焦时尚消费；通过直播寻访、云上展览等栏目引导观众深入探访非遗文化原生地；通过 VR 技术的全景展现，引领观众进行网络云端走访，实现非遗云端旅游，充分展现文旅交融发展的新趋势。此外，沧州杂技团倾力打造了我国首部以大运河为题材的大型杂技诗剧——《一船明月过沧州》，在传统的杂技表演中融入舞蹈，探索性地引入了全息投影技术，让观众产生身临其境之感，可以更加直观地感受大运河历史，领略风土人情。在艺术剧目中将运河文化、运河风情和运河图景编制成一幅秀美画面，实现了运河文化的传承。

（五）数字经济时代沧州市大运河文化产业带发展存在的机遇与挑战

1. 数字经济带来新机遇

数字经济时代背景下，互联网与新技术的发展，为沧州大运河文化提供了新的保护、传承方式，为沧州大运河文化产业带的发展提供了新的机遇与可能性——VR、AR、H5（超文本 5.0）等技术的成熟与应用，扩大了文化传播的范围，使得传统的运河文化的传播突破了时间与空间的限制，可以用虚拟的方式得到新的呈现形式，焕发了新的活力。通过技术的支持，可以更好地保护与传承运河文化。通过数字技术，将复杂的数据进行梳理、细化，建立沧州大运河文化数据库，可以具象、系统地展现大运河的文化面貌，对运河文化进行更好地传承与保护，数字化、网络化、智能化等现代科技融入沧州大运河文化建设，可以更好地助力文化产业升级。微博、微信、微视频、移动客户端等“三微一端”平台拥有的庞大用户具有强大的传播能力，通过发布、转发、评论等方式可以增加文化传播的宽度与广度。除此之外，对文化遗产、非遗文化的数据采集及APP制作也是近年来较受欢迎的一种文化传播方式。

2. 新机遇下的挑战

数字化保护传承创新了运河及其文化的保护模式，为文化的传播提供了新思路，但由于文化数字化发展起步晚，发展尚不完善，因此在发展过程中也面临着一系列的挑战。

微博、微信、微视频等平台将我们带入了自媒体时代，每个人都可以自由发表自己的言论，这为奠定运河文化保护与传承的群众基础提供了可能。但同时，我们也看到了运河文化的普及度低、群众热情度低的问题。调查发现，在多媒体平台上，以沧州大运河为主题的账号数量少、体量小，只拥有官方微信公众号1个，其余平台没有官方账号。微信公众号名为“沧州大运河”，内容板块分为运河简介、运河动态、运河人文三部分，以“运河人文”发布文章最多，阅读量多以两位数为主，点赞量较少，且几乎没有互动评论，由此可见官方传播范围小，互动性较差，缺乏吸引力。目前未发现以沧州大运河为主题的私人账号，因此扩大传播、普及运河文化是当前沧州运河文化传播所面临的挑战之一。

除了自媒体外，数字化的发展也包括利用数字技术对文化遗产进行保护及图像数据的收集、处理、储存、传输等，这对于工作人员的专业性要求较高，因此数字化的发展需要专业的人才体系来支撑。沧州大运河目前的人才储备处于严重不足状态，加之京、津地区对于人才的吸引，因此专业人才不足一直是沧州运河文化数字化发展的短板，如何培养人才、留住人才、吸引人才也是其面临的一大挑战。

新媒体的发展为文化与信息的传播提供了新渠道，但也将文化变得表面化、碎片化。微信公众号中的文章对于沧州运河文化的介绍比较简单，对于沧州运河文化背后的内涵未进行深层次的挖掘，难以激发公众的兴趣。如何对沧州运河文化进行合理的保护传承，并挖掘其深层次的内涵，也是急需解决的问题。

（六）数字经济时代沧州市大运河文化产业带发展策略

1. 建立沧州运河文化数据库

将沧州运河文化的保护与传承进行系统化建设，需要建立沧州运河文化数据库，将所有与运河有关的文献资料、影像资料等进行收集、整理、编码，便于检索。具体方式可以以大运河流经城镇、村庄为主题，辐射至相关支流、河道，收集沿岸数据、文化现象、历史沿革等信息。沧州运河相关学术成果可按照一定类别进行划分，便于检索。数据库的建立既能整合大运河历史文化，补足大运河文献资料缺失，也能为学者们查阅文献提供便利。

2. 培养、引进数字化专业人才

人才缺乏的问题是文化产业发展过程中经常遇到的问题，也是沧州大运河文化发展的瓶颈。沧州大运河文化产业带发展涉及文化遗产等的数字化，需要大量的数字化专业人才，因此培养、引进人才是发展数字文化产业的前提条件。同时，沧州还面临着人才严重外流的问题，众多因素的积累限制了沧州运河文化的数字化传承与保护。针对以上问题，沧州相关部门应当制订政策提高人才待遇、吸引人才，并且加强对人才的培养；在高校开设相关课程，加强实践教育，并鼓励教师进行相关研究工作，加强对高校人才的培养与引导，为沧州大运河文化产业带数字化保护和传承奠定良好的人才基础。

3. 搭建沧州大运河文化产业带技术平台

当今新媒体飞速发展，各种数字化、网络化、智能化等现代科技融入沧州大运河文化产业带建设过程中，可以更好地助力文化产业升级。沧州市应加大技术设备的投入，依托现代科技增强对文化产业的改造，提升文化产品与服务的质量。

围绕沧州大运河文化的公共空间建设、景观的美学化、文化的景观化、遗产开发、环境和生态意识建设等，都可以成为大运河文化经济发展构建的领域。① 沧州应积极打造大运河文化精品 IP，把三维场景展示、VR 等技术手段应用到展示馆建设中，形象生动地再现大运河的前世今生和重要场景。努力增加科技含量和互动的元素，吸引大众的兴趣。通过现代科技实现让人足不出户畅游遗产点，通过网络化、地图化和移动化技术手段来展示大运河的历史面貌；让外地游客通过手机 APP 就能查阅到运河遗产相关信息，并在电子信息系统引导下，顺利抵达遗产点参观游览。利用互联网平台，建设大运河文化带 APP、微信公众号、专题网站等，利用现代科技更好地展示大运河的历史与现在。

---

① 高飞、陈焱松：《后疫情时期大运河国家文化公园文化旅游高质量发展探析》，2020 中国旅游科学年会论文集，2020。

三、数字经济时代衡水市大运河文化产业带发展现状与发展策略

数字经济时代背景下，衡水市抓住机遇，坚持对大运河建设进行科学规划、统筹实施，致力于打造衡水大运河历史文化产业带，使大运河“活”起来，促进大运河持续发展，实现历史价值、社会效益与经济效益的共赢。

（一）衡水市大运河文化发展整体概况

大运河衡水段位于衡水市东部与沧州、德州交界处，是海河流域漳卫南运河水系的一部分。从故城县南部辛堤村入境，运河流经故城、景县、阜城3县，重点河段在阜城霞口镇、码头镇，景县安陵镇，故城郑口镇和建国镇，最后在阜城张华村村北入沧州境，全长179.05公里（故城县75.2公里，景县73.2公里，阜城县30.65公里）。

大运河衡水段留下了景县华家口夯土坝，故城县郑口重力挑水坝、郑口山西会馆遗址、头屯村黄窑遗址、建国卫运河遗址，阜城县码头运河遗址、霞口扬水站、戈家坟引水闸等重要文物遗存。特别是位于景县安陵镇大运河左岸的华家口夯土险工，始建于清宣统三年（1911年），2014年被定为世界文化遗产。

故城段：运河故城段秦汉时期称清河，为黄河故道，民国后始称卫运河。卫运河由上游的漳河、卫河在馆陶县汇流而成，全长157公里。故城段运河自清河县渡口驿入境，至夏庄镇以西第三村与德州交界，经县域东南部7个乡镇、64个行政村，流程75.122公里。故城段运河有四个特点，即漕运水系历经变迁、古风古貌保存完整、水利

文化遗产丰富、多重文明融汇传承；有四个第一，即大运河流经县域最长河段、古堤原始堤段保存最完整、运河文化水利遗存最多、现存古柳林最古老。

景县段：据《景县志》记载，运河开挖于隋大业四年（608 年），通航于隋大业七年（611 年）。到 1978 年，承担着繁重的航运任务长达 1367 年的大运河。由于水源缺乏，景县段船运中断并一直延续至今。大运河许多部分都是利用自然河道疏凿而成的，设计较多弯道，是为了人为延长运河长度来解决水位落差问题。但水流在弯道转弯处冲击力过大极易造成弯道处决口，景县段水位落差 4 米，转弯险工段就有 38 处。大运河华家口段，位于景县安陵镇华家口村，对面为吴桥县。大运河华家口段历史上曾多次决口，仅在晚清时期载入县志的就有两次决堤记录。一次是同治九年（1870 年）村庄全部被毁；一次是光绪二十年（1894 年）庄稼全部被淹。多次决堤给当地百姓带来了深重的灾难，也影响了作为当时运输大动脉的航运。华家口段由于为半地上河，并且主河道又贴近堤岸，自然形成这种弯道易决口段。华家口夯土险工建于清宣统三年（1911 年），是时任知县王为仁主持修建的，自该险工修好后，大运河华家口段再没有决堤记录。该险工全长 255 米，呈梯形，南北走向，顶宽 13 米，全段高程 5.8 米至 6.7 米不等，平均收分 20%。堤内坡采用黄土、白灰加糯米浆夯筑成坝墙，坝墙每步宽 1.8 米、厚 18 厘米，分步夯筑，底部采用坝基抗滑木桩施工工艺，外坡与顶部为素土夯实而成。这样夯筑成的堤坝密度高、硬度大，坝体浑然一体，特点为耐冲刷、防渗漏、抗水压。该险工为研究清代夯筑防水技术和运河堤岸防护发展史提供了有力的实物资料。2007 年根据国务院部署，我国正式启动中国大运河申报世界文化遗产工作。2009 年，华家口夯土险工被列入中国大运河申报世界文化遗产预备名单。为加强夯土险工保护和确保申遗成功，2012 年 8 月 20 日，根据中国大运河申报世界文化遗产点段工作要求，景县对华家口夯土险工进行了两个多月的修缮保护工作。2013 年 4 月 18 日，景县华家口夯土险工入选“中国大运河申报世界文化遗产名单”。2013 年 9 月 18 日，华家口夯土险工申遗点顺利通过国际专家组现场考察评估。2014 年 6 月 22 日，中国大运河被联合国教科文组织列入世界文化遗产名录，成为我国第 46 项世界遗产。

阜城段：大运河阜城段全长 30.65 公里，途经 31 个村庄。阜城有着众多的历史文化遗存，摆渡、村庄、码头、沉船点、关卡、墓地等遗址 20 多处。过去南北通航的大运河极大地沟通了南北文化，造就了沿岸独特的人文历史和景观，仅在阜城地区，历史上曾出现了一帝、一相、三尚书及其他众多的名人。

（二）衡水市大运河文化产业带保护现状

多年来，衡水市坚持“继往开来，传承创新”的原则，不断加大大运河衡水段整体的宣传、保护和开发力度，将大运河这个流动文化和历史留给我们的宝贵遗产保护好、传承好、利用好，使其成为活着的历史遗产，真正实现涅槃重生。

1. 宣传推介，增强遗产保护意识

为进行大运河文化的宣传和推介，衡水市和大运河沿岸 3 县印制和发放宣传册（页）、《衡水大运河》宣传刊物，编发《故城运河文化掬萃》《运河风物》《故城运河文化展览馆画册》等宣传品；利用电视、广播、报刊等各类媒介开展专题宣传，为央视录制《故城传奇》宣传片提供了文字、图片等基础性资料；邀请文史学者召开运河文化研讨会并开展论文征集活动，出版了文化遗产书籍《阜城文物》，编撰了《运河流韵》一书；以运河旖旎秀丽的风光为素材，创作了歌曲《我的家乡运河旁》《梨乡美》；衡水市文化工作者金秋出版了《运河少年》《运河枪声》《运河风云》《运河女杰》等系列文艺作品；景县、故城县和阜城县均成立运河文化研究会，牵头宣传推动各县文物保护、非遗挖掘和大运河文化带建设工作；景县成立了白草洼运河文化馆，故城县成立了运河文化展览馆，阜城县码头镇魏圈村建成国内首个村级运河博物馆，再现运河文化以及运河沿岸的风土人情，确保运河文化得以保护和传承，破除了申遗成功便一劳永逸的观念，形成了“申遗成功只是起点，保护利用没有终点”的共识。

2. 重点保护，加强运河文化产业带基础设施建设

2006 年华家口夯土险工被列为大运河申遗点后，针对坝体整体下沉，木桩糟朽、下部淤积，暴露部分多处开裂，局部开始分化酥碱等问题，衡水市于 2012 年 10 月完成了坝体保护、加固工程，保护修缮过程中继续采用糯米、石灰夯筑工艺“修旧如旧”，最大限度地保留了险工的原真性和完整性。2013 年 9 月，华家口夯土险工顺利通过联合国专家组的检查验收。为防遗址被蓄意破坏，衡水在华家口夯土坝安装了监控摄像头，同时加强运河沿岸特别是重点遗址的卫生清洁工作，进一步改善遗址及周边环境。

大运河申遗成功后，景县、故城县和阜城县都成立了大运河保护管理委员会，专门负责大运河各段的管理、保护与利用工作，重点加强文化遗址周边环境整治，建立健全“四有”管理体系，即竖立保护标志、划定保护区划、落实保护管理机构、建立并完善大运河遗产档案资料；建立健全大运河遗产所在地标识系统，设置保护标志和界桩，落实责任主体，明确专人管理，保持原有的历史风貌和良好环境；定期对大运河进行巡查，坚决杜绝破坏运河遗址的现象发生；加

强对运河沿岸建设活动的管控，严格审批手续，控制建筑的风格、体量等。

3. 抢救挖掘，丰富历史文化内涵

近年来，在运河文化抢救挖掘过程中，衡水市积极推进运河文物资源调查工作，梳理大运河沿线重点文物抢救保护项目，集中修缮、整治和展示了一批具有典型运河遗产价值的文物点；深化推进运河文化名镇、名村整治工作；做好非物质文化遗产及其代表性传承人保护工作。

衡水市搜集整理了康熙南巡入境题词等诗文作品30多篇；走访记录的漳卫南运河船工号子等，已经被列入河北省非物质文化遗产保护名录；征集到运河史料、书籍16部，晚清时期铁炮、炮弹，唐宋时期石船锚、石船桩、石磨、石杵、石臼等20多件。同时，正在组织专家学者对运河文化进行系统挖掘和整理，加强传承人的保护与培养，并规划通过出版图书等形式进一步丰富运河历史文化内涵，强化运河文化的传承和弘扬。

目前，大运河衡水段已经不具备通航能力，仅有泄洪、输水及局部地区取水灌溉等功能。衡水正在进一步推进运河生态涵养工程，通过植树绿化涵养水源，最大限度地恢复运河生态，真正展现出大运河的千年风采。

（三）数字经济时代衡水市大运河文化产业带应用

近年来，在数字经济的浪潮下，大运河衡水段为传承运河文化，坚持“继往开来，传承创新”的原则，不断加大衡水段运河整体的宣传、保护和开发力度，深入挖掘运河文化内涵，大力推进综合规划、景区开发、生态建设、创新文化资源，坚持运河文化活态化发展，利用现代数字科技塑造衡水运河文化新形象。

1. 传承运河文化，文艺作品结出累累硕果

近年来，衡水市大力实施精品创作工程，制定出台了《中共衡水市委关于繁荣发展社会主义文艺的实施意见》《加强文艺精品创作的实施方案》，采取一系列措施推进文化精品创作。广大文艺工作者坚持现实题材创作和历史文化资源挖掘两手抓，坚持创造性转化、创新性发展，将守正创新融入贯穿到文艺创作全过程，深入生活、扎根人民，用心、用情、用功抒写运河文化。

2017 年 8 月，大型历史京剧《董仲舒》创排成功，在北京梅兰芳大剧院首演，向观众讲述了“董子故里、大儒之乡”的故事，打造了文化品牌，扩大了董子文化的影响。以全国优秀共产党员李双星扶贫事迹为题材的现代评剧《咱家老李》、以全国文明家庭马红家庭事迹为题材的河北梆子《桃城人家》、以全国道德模范王文忠扶贫事迹为题材的电影《芍药花开》、以改革开放以来衡水知名企业家事迹为题材的图书《故事——改革开放 40 年衡水企业家访谈录》、以大运河沿岸村庄故事为题材的纪录片《运河儿女运河情》等一大批精品力作涌现出来，将艰苦奋斗、实干担当、无私奉献的人文精神潜移默化地深植人心。2020 年 9 月，山水巨擘《画说京杭大运河》百米长卷问世。《画说京杭大运河》由衡水中国书画博物馆馆长刘新岗创意，当代画家刘栋主笔，李震、曹彦辉助力。创作人遍查史料、实地采风，学术论证后终成作品。全卷通高 1.12 米，长 106 米，将北国、江南一脉牵，将穿越京、津、冀、鲁、苏、浙 4 省 2 市 20 余个地级市、100 多个县（区）的千年运河两岸风光入画，彰显千年运河深厚的历史底蕴，更寄托中华民族坚韧不拔之精神，可谓稀世之作。

2. 打造高品质文博展览，让更多人了解运河文化

2016 年，为复原古运河码头风光，再现北方风情，承载北运河文化以及运河沿岸村庄风土人情的码头镇运河记忆博物馆在河北省阜城县码头镇魏圈村建成，这也是我国首个以运河文化为主要展示内容的村级博物馆。该馆占地面积 2400 多平方米，由运河民俗馆、运河名人馆、运河古戏台三部分组成，分为记住乡愁、农耕记忆、漕运印象、非遗表演、码头名人 5 个板块。该博物馆以京杭大运河与漕运文化为主题，用实物、图片等展陈方式，再现了北方运河文化和沿岸村庄的风土人情。过去村民们只是从零散的世代传说中了解大运河的历史，而博物馆建成后，村民及游客可以系统直观地感受运河的沧桑历史。魏圈村党支部书记说："建馆的最终目的就是为了记住乡愁、留住记忆，使运河文化不断传承下去。"

2017 年，为传承阜城历史文脉，讲述千年古县的历史，阜城县政府投资 900 万元建成阜城历史博物馆，展品均是在阜城出土的文物。该博物馆用心讲述着千年阜城的变迁，从西汉设县到明代人口大迁徙，从隋代京杭大运河前身永济渠的开挖到宋代精美的瓷酒器的烧制，从交通要道的御路到水陆发达的商贸重镇，从阜地文峰到近代功勋。在水运通航和码头场景展厅里，通过图片、搭建的实物场景，参观者可以直观地感受到京杭大运河上码头镇的重要性，以及当时水陆兼行、商贾云集的盛景。

2017 年，故城运河文化展览馆建成。展览馆东临古韵悠长的京杭大运河，西依素有"小天津卫"之称的故城县城区，建筑面积 300 平方米，系运河文化与地域文化巧妙结合的仿古建筑。该馆外观古典又时尚，内部色彩斑斓，总体结构由两部分组成，设计风格既有历史的沧桑感，又有现代的前卫感。展览馆以时间为轴，以实物陈列为主

体，藏有征集到的各类运河实物、出土陶器等文物，并辅助了大量图片、文字和音像资料。馆内上层主要分为图文展示、实物陈列两区，底层主要分为运河风物展示、现代农业旅游两大板块，运河景观建设远景图呼应盏盏宫灯分布在馆内上方。该馆建成投用后，先后接待省、市领导及游客 30 余批、5600 余人次，现已成为县域良好的文化旅游场所及传统教育基地，更是带动当地旅游业发展的重要平台，受到了社会各界的广泛认可和好评。

2019 年，深州盈亿义仓经过 5 年的整修，面向社会开放。深州盈亿义仓建于清光绪二十四年（1898 年），有房屋 51 间，采用我国北方传统的四合院式结构，是清代北方粮食仓储制度的实体典型代表。2013 年 3 月 5 日，深州盈亿义仓被列为第七批全国重点文物保护单位。2019 年深州市承办第三届旅发大会，深州市以深州盈亿义仓为载体，依托其所承载的义仓文化、运河文化和民俗文化，打造了深州市粮仓博物馆。该博物馆占地 3428 平方米，设有天赐粮缘・粮食生产文化展、饮食人生・粮食文化展、节制兴利・粮仓制度文化展、仓盈廪实・古代粮仓文化主题展、祈丰盼收・祭祀文化展等五大专题，涵盖 8 个展室。博物馆成为一座集收藏、展示、教育、科研于一体的文化基地和深州市全域旅游的新亮点。

2019 年，“文华衡水”文化展览在中国国家博物馆拉开序幕，这是一次开启先河的文化展览，中国国家博物馆举办全国第一个地域文化展，让全国人民感受“大儒之乡，文化衡水”的独特魅力。这次展览展出的 7 件国家一级保护文物，件件精美，历史意义深远。董子故里——名人辈出展厅讲述了著名的哲学家、思想家董仲舒的生平及思想。展厅中特别设立了“百年衡商，名满京津”的展示区，讲述了衡水人的经商文化。衡水因水而活，得水而灵，衡水儒商走京闯卫，北京琉璃厂街的兴盛繁荣主要是河北人的发祥与打造之功，河北人中又以衡水人为最。至清咸丰年间，衡水人在琉璃厂所开店铺接近300家，故清代中后期琉璃厂曾有“衡水街”之称，形成了衡水人在琉璃厂的地域概念。衡水儒商艰苦创业、以文会友，由商而儒、著书立说，后成为我国文物鉴定、版本鉴藏等领域的骨干能手，为守护国家文化遗产和中华传统文化的保护发展做出了重要贡献。这些都离不开千年运河的孕育，漕运文化培养了衡水人的经商理念，重义轻利成为衡水商人骨子里坚守的信念，运河的生生不息精神流淌在衡水人的血脉中，形成了勇于开创的精神。“文华衡水”这一展览活动如同一张巨制文化名片，在首都北京绽放着耀眼的光芒，传承着运河文化。

3. 利用数字媒体技术讲好运河故事

2018年，景县县委宣传部门和文化界人士历时9个多月时间，对大运河景县段5个乡镇、46个村庄进行了走访调研，倾力制作出两集纪录片《运河景州》，并在腾讯视频、爱奇艺等媒体平台播出，讲述了运河景州段的文化传承故事。

衡水市利用数字媒体技术发展文化传播新势力。2020年4月，衡水市图书馆举办了书香运河线上文化展览，应用新媒体技术使得民众可以足不出户了解衡水运河的魅力。展览内容涵盖了运河概况、运河遗址、运河非遗、运河文学、运河名人、运河沿岸村落及文化场馆等，调动了市民参与运河文化传承的积极性。

4. 设计运河文旅精品项目

衡水在运河文化旅游开发方面致力于设计独特的文旅线路，打造精品文旅项目，力求依托运河文化、衡水特色文化开拓文旅项目。衡水还着力依托运河沿线深厚的历史文化资源，积极规划运河文化旅游带，做好文旅融合发展文章。2020年9月26日至10月8日，衡水市文化广电和旅游局联合河北京东云计算有限公司，共同开展“活力重启，魅力衡水”寻迹衡水文旅之美活动。这一活动致力于“展示城市形象，激发消费潜力”，推动衡水市全域旅游高质量发展。以衡水本地深厚历史文化底蕴为依托，深度挖掘董子文化、运河文化、红色文化、移民文化，讲好历史文化名人的故事，借助文化体验游、研学游、健康游、乡村游等方式，充分发挥衡水文化优势，打造更多精品旅游线路，助力衡水建设成为京津冀文化生态休闲旅游目的地。开发的旅游线路包括衡水文化探秘之旅、旅发大会运河文化之旅、旅发大会尝鲜体验之旅、衡水甜蜜时光田园之旅、旅发经典回顾之旅等。通过文旅线路的设计，衡水有机结合周边知名景区、传统非遗文化、地域特色美食、本地网红打卡地，全方位展示衡水城市风采，为衡水旅游产业的发展起到推动作用。

（四）数字经济时代衡水市大运河文化产业带发展策略

衡水的景县、故城县、阜城县是大运河重要节点城市，在古运河时期有着非常重要的经济、文化地位。在大运河后申遗时代，其重要的经济、文化价值的开发仍具有至关重要的时代意义。衡水市及三县都在积极地开展大运河资源的保护、传承、利用，但面对数字经济时代带来的新的机遇与挑战，仍存在较大的困难亟待解决，只有顺应数字经济潮流，因地制宜改变现状，才能进一步推动衡水市大运河文化的活态化发展。

1. 利用数字技术经营衡水大运河文化资源

地方文化资源是凝聚当地共识、聚合当地人心、打造当地名片的宝贵资源，利用当地特色文化资源进行发展，意义重大。① 大运河衡水段拥有运河码头风光、船工号子、传统架鼓、阜城剪纸等文化资源，这些文化急需保护与传承，利用数字技术进行保护，能够将文化信息永久保存、数字化展示，增加了文化传播的趣味性。另外，数字技术还能对文物进行 1∶1 复原，保持其原真性。因此，利用数字技术经营衡水大运河文化资源对运河文化的保护与传承大有裨益。衡水市可以通过虚拟现实技术进行非遗文化的记录、运河风貌的复原，通过数据库的建设收录衡水大运河的各项数据以及文献资料，通过各项多媒体技术进行运河文化的传播。

2. 建立数字运河博物馆

建立各层级的运河文化博物馆、文化馆以及展览馆是衡水大运河文化保护与传承的重要手段，博物馆的建设为文化资源的储存与发展提供了空间，数字经济时代的到来为运河博物馆的发展提供了新思路。衡水可以将相关运河文化资源进行数字化处理，建立数据库，创设虚拟场景，打破时间与空间的限制，改变单向传播方式，增加互动性与体验感，调动观众积极性与主观能动性。

3. 加强非遗文化的数字化进程

衡水大运河作为大运河线路中的关键枢纽，是众多文化遗产的发祥地，非物质文化遗产丰富，但传承面临着难以分类、保护难度大的问题。利用数字化的方式对非遗文化进行保护与传承，具有一定的优势。衡水可以将非遗文化文献资料、珍贵影像、研究专著、各种参数进行收集建档，运用数字化的方式对其分析、编码、储存，解决遗产类型众多难以分类进行保护、传承的问题，同时也可对非遗文化资源

---

① 杨英法、郭广伟：《“文化衡水”建设中董子文化资源的数字化经营》，《衡水学院学报》2021 年第 1 期。

价值进行具体的判定，通过 VR、3D 等形式能够将难以保存的文化进行全面的原真性收录。除此之外，多媒体技术的发展也为非遗文化的传播提供了可能。

总的来说，大运河是重要的文化遗产，在保护、传承、利用的过程中，要保护性开发大运河资源，利用数字经济带来的便利融会贯通，以数字促发展，发挥大运河文化的多项功能，进一步推动本地文化的快速发展。

四、数字经济时代邢台市大运河文化产业带发展现状与发展策略

（一）邢台市大运河文化整体概况

历史上隋唐大运河和元代大运河（今京杭大运河前身）都流经邢台市的临西、清河两县。大运河邢台段，位于邢台市东部边界，为海河流域漳卫南运河系卫运河的上游。

大运河邢台段为南下北上物资转运、文化交流通衢之地，南起苏杭，北连京津，扼北方漕运之咽喉，造就了邢台东部前后千余年的辉煌历史，积淀了丰富的文化遗存，其中有 10 余处大运河物质文化遗产、7 项非物质文化遗产，大运河邢台段是第六批全国重点文物保护单位——京杭大运河的组成部分。大运河邢台段自临西县尖冢镇流入临西境内，由孟庄流出，入邢台市清河县境，至清河县渡口驿村村北出境，入衡水市境内。在邢台市全长 58.1 公里，其中临西段长 39.202 公里，清河段长 18.89 公里，目前已全线断航，现运河主要功能以行洪为主，兼具排涝和灌溉功能。现河段基本是历史上京杭大运

河河道位置，河道宽度 600～1200 米。① 沿线分别有古建筑、古窑址、古墓葬、古碑刻等物质文化遗产，它们见证了运河使用过程中在经济发展、文化传播、民族融合等方面所承载的历史，体现了运河沿岸人民的生产生活方式、思想观念和社会风情。

运河流经临西，造就了独特且辉煌的运河文化。根据第三次全国文物普查数据显示，临西共有文物点 64 处，其中世界文化遗产 1 处（大运河临西段）、国家级文物保护单位 1 处（临清古城遗址）、省级文物保护单位 1 处（八里圈清真寺）。同时，还有传统戏剧乱弹、手工挂面制作技艺和传统武术潭腿 3 个项目列入河北省第三批非物质文化遗产名录。

历史上流经清河县的大运河有两段：一是隋代开凿的大运河——永济渠，二是京杭大运河卫运河段。隋唐大运河在清河境内流经长度约为 29 公里，平均宽度为 150 米，途经 15 个村，南由王官庄镇王洼村入境，北至葛仙庄镇王成后村入清凉江。隋唐大运河流经清河境内为永济渠，是隋代、唐代、宋代运输军需粮饷的主要交通干线，流淌 500 多年，承载着厚重的历史文化。南宋时期因黄河水患，河道埋于地下。京杭大运河是清河与山东夏津县的分界线，在清河境内流淌 600 多年，流经长度为 18.89 公里，宽度在 660～1200 米，途经 12 个村，南由油坊镇二哥营村入境，北至油坊镇渡口驿村出境。清河有两处国家重点文物保护单位——大运河油坊码头和朱唐口险工；码头共有 6 个，有中国北方保存最完好的码头。

---

① 张国勇：《隋唐大运河邢台段河道考古调查与勘探简报》，《运河学研究》2019 年第 2 期。

（二）邢台市大运河文化保护、传承和利用

1. 保护修缮各级文物保护单位

近年来，临西县紧抓大运河文化产业带建设发展新机遇，专门成立了领导小组，先后对陈窑遗址、汪江新村汉唐宋古墓群、隋唐大运河遗址、榆阳古城、临清古城等进行考古发掘和文物勘探，并对八里圈清真寺进行维护修缮，建成了临西县历史文化展览馆，对市级文物保护单位——鲧堤进行设防保护，建立临西县运河非物质文化遗产名录体系，实现重点保护。

2. 运用多种方式保护、宣传大运河非遗文化

临西县重点打造临清古城遗址、仓集古镇建设项目，龙潭寺遗址和潭腿传承项目，陈窑遗址和贡砖文化体验馆项目，促进文旅融合。临西县连续两年举办了中国临西“昆仑大师杯”中华潭腿传统武术精英赛，宣传推介了临西运河文化。出版了《临西今古》《罗竹林的故事》《月洼寺的传说》《清渊寻古录》《榆阳古城》《临西古今人物》《清渊砖瓦研究》和《临西故事》等历史文化书籍，录制了《临西乱弹》《临西临清潭腿》《手工挂面制作技艺》等非物质文化遗产专题视频在河北卫视非遗频道播出。

临西县深入贯彻落实党的十九大精神，坚定文化自信，积极推动非物质文化遗产保护传承，建立了非遗基地和非遗传承人档案，发挥艺人“传帮带”作用，将他们在生产过程中积累的宝贵经验传给年轻一代的手工艺者，并开展了“非遗进校园”“非遗展演”等活动，增强了广大群众的文化获得感，激发了全社会对非遗保护传承的自觉性。

3. 打造大运河综合文化长廊

近年来，清河县委、县政府深入贯彻落实习近平总书记关于“保护好、传承好、利用好”京杭大运河重要指示精神，打造以“运河文化”为主题，反映清河发展史、文化史和运河文化内涵的，集交通运输、娱乐休闲、旅游形象展示等多功能于一体的大运河综合文化长廊。大运河综合文化长廊项目位于清河县油坊镇，项目主要由“一带”（京杭大运河文化带）、“三区”（滕小圣文化体验区、运河文化核心区、河工文化体验区）和“多点”（沿线多个文化节点）组成。清河县有关团体还成立了“大运河文化艺术联盟”，通过书画、摄影、展览等形式重塑大运河文化。①

（三）数字经济时代邢台市大运河文化产业带发展策略

邢台大运河偏居邢台市东南一隅，河道干涸已断航。数字经济时代，对于如何抓住机遇“保护好、传承好、利用好”邢台大运河文化，使其在新时代“活”起来，我们在此提出以下发展策略，以供参考。

1. 多元赋能大运河文化传承与发展

邢台市应运用互联网平台推进科技创新，倡导运用网络让文化与旅游融合发展，形成更好的产业模式；应运用媒介平台，开发多元互动的运河文化项目。② 此外，还可以通过发展特色旅游的形式（通过真人秀节目、文化旅游节目介绍），最大程度上提高游客实地观赏的兴趣。在旅游实地现场可运用虚拟场景技术让游客看到大运河当年的

---

① 黄再生：《清河大运河畔文化旅游热》，《邢台日报》2020 年 10 月 14 日。

② 刘宇、王璞榕：《文化产业驱动力作用下大运河沿线旅游发展策略研究》，《艺术与设计（理论）》2020 年第 7 期。

盛景，了解运河文化，感受运河曾经的辉煌。还可通过舞台剧等艺术表演来传播邢台大运河文化，发扬大运河精神。

2. 建设多重交叉传播体系，加强非物质文化遗产保护传承利用

邢台市应进行融合媒体传播平台的构建，除电视、广播、报纸之外，注重网站、手机端传播平台的构建，如微信公众号、微博、抖音等平台的构建，加强非物质文化遗产保护传承利用。同时，应建立政府、学校、固定的非遗展示平台联动体系，即以政府引导为主，同时在大中小学等教育体系中，针对不同的年龄段开展线上线下相结合的非物质文化遗产的介绍和相关活动，并引导学生们不定期前往固定的非遗展示场所（如博物馆、文化馆、图书馆、非遗展示空间等）学习、了解非遗。学生对于非遗的兴趣可以带动家长，从而为非遗的民间组织甚至非遗的传承人提供潜在补充力量。①

3. 梳理邢台大运河文化资源，助力大运河数据库建设

邢台市应进一步开展邢台大运河文物资源调查，继续开展隋唐大运河、大清河流域考古调查，开展有关河道、堤防、码头、设施等遗址考古，梳理文化资源，建立数据库。数据库建成后，可根据资源类型进行针对性开发。

五、数字经济时代邯郸市大运河文化产业带发展现状与发展策略

（一）邯郸市大运河整体概况

在我国古代，邯郸境内的大运河主要流经邯郸地域东南部的魏

① 徐雯雪：《大运河江苏段非物质文化遗产的传播现状与对策思考》，《大众文艺》2020 年第 4 期。

县、大名、馆陶等地，历史上曾屡经变迁，东汉末期称白沟，隋唐时期以永济渠、御水、淇水互称，宋金元时期多称御河，明清时期称卫河，今称卫运河或漳卫运河。大运河邯郸段全长141.8公里，流域面积701.5平方公里，邯郸是大运河中段重要流域。

大运河邯郸段的兴起，催生了邯郸沿河一系列城市的形成和发展，以邺城、大名、馆陶为代表的古代城市为我们留下了丰富的文化遗存。2009年，邯郸市文物保护研究所根据国家和河北省文物局“大运河保护与申遗”工作部署，并受河北省大运河保护规划办的委托，组成了由所长领队、专业人员及相关各县文物部门业务人员参加的文物考察队。主要对大运河邯郸段相关资料进行搜集和梳理，并对大运河所涉及的魏县、大名、馆陶、邱县、曲周等县进行了运河文化实地调查。基本厘清了白沟、利漕渠、永济渠、西渠（又名通济渠）、御河、卫河等不同时期、不同区段大运河在邯郸的大体流经线路，发现部分运河河道及相关遗迹。

文物考察队在开展隋唐永济渠系统性文物调查、勘探过程中，初步探明永济渠邯郸段整体呈西南—东北走向，长度105公里左右，多数地段埋在地下9～10米，宽度在60～300米；完成漳卫汇合处——徐万仓遗址考古勘察，发现地道、灶址、房址、基址等多处遗迹。

（二）邯郸市大运河文化保护情况

1. 大运河文化遗产保护力度不断加强

邯郸市高标准编制了《邯郸市大运河文化保护传承利用规划》，印发了《邯郸市大运河文化保护传承利用实施方案》，组织编制文化遗产保护传承、文化和旅游融合发展、土地利用、交通体系建设、生态环境保护修复、河道水系治理管护等6个专项方案。结合国土空间总体规划，大名县、馆陶县确定大运河沿线地区控制性详细规划范围。为加强大运河沿线的生态环境建设和生态综合治理，经河北省生态环境厅审核，邯郸市印发了《关于推进“三线一单”生态环境分区管控的实施意见》。

邯郸市坚持在保护中传承、在利用中发展，推动大运河文化可持续、高质量发展。一是持续推进大名府故城重点区域考古勘探。在初步确定大名府故城平面布局基础上，实施大名府故城1000平方米考古发掘，重点对内城北墙东段及护城河进行解剖性发掘。二是加快明清大名古城修复。对古城内历史街区、文化馆、大剧院、民居、店铺等进行修缮，逐步恢复府衙、书院、文庙等古迹原貌，打造“运河古都、历史名城”旅游品牌。三是打造文化标识，讲好运河故事。在馆陶县博物馆设立了大运河民俗展厅，在邺城博物馆内设立了“白沟—永济渠”展示馆，通过图板、实物、全景影像等方式系统展现大运河历史文化。同时，加强宣传推介，创作的豫剧《大运河的女儿——郭隆真》被河北省列为庆祝中国共产党成立100周年优秀剧目；拍摄了《运河史话》《馆陶人心中的河》等作品；开展了大运河诗歌散文有奖征集、大运河摄影大赛等活动，以丰富多彩的形式生动讲述邯郸运河故事。

2. 狠抓项目建设，夯实发展支撑

邯郸市共有16个项目列入河北省大运河文化保护传承利用实施方案，计划总投资109.94亿元。2021年完成投资8.29亿元，截至2021年底累计完成投资13.73亿元。其中，佛造像博物馆改建提升项目、大名县农村公路建设项目已完工；馆陶县永济水镇、魏县地下水超采综合治理农村灌溉水源置换等7个项目已开工建设；国道G106馆陶绕城段改建等7个项目正在加快推进土地、资金、审批等前期工作。

3. 推进文旅融合，打造运河文化旅游新名片

邯郸围绕大运河文化核心价值，塑造“古都家国”文化旅游品牌。在《邯郸市区域文化旅游中心建设实施方案》中明确把大运河作为八大文化品牌之一进行重点打造。一是培育重点文化旅游项目。依托永济渠历史城镇及重点考古遗产文旅项目，打造永济渠历史遗产廊道。结合馆陶县、大名县、魏县非遗保护传承中心等专题非遗体验地，建设体验式文化旅游项目。结合城镇建设，对馆陶县永济水镇、陶山街，大名县古城旅游区，魏县梨乡水城风景区、魏祠公园、礼贤台文化公园等文旅项目进行提质升级，打造不同类型的运河系列文化旅游目的地和特色村镇。二是打造运河文化旅游线路。开发培育邯郸运河历史文化研学游、运河生态观光休闲游、运河风情体验游等 3 条邯郸特色运河主题游线，打造河城联合、河路联动、河村联兴的旅游产业示范廊道。鼓励发展水陆特色交通，开通卫运河（驸马渡码头—徐万仓村段）、永济河（羊洋花木小镇—公主湖段）、卫河（营镇码头—金滩镇码头）等特色水上文化微旅游线路。三是由大运河沿线县共同承办一届市旅发大会。馆陶县、魏县、大名县文化资源荟萃、历史积淀深厚，文化旅游资源优势明显，魏县有“梨乡水城”“梨花节”旅游品牌，大名县有宋府明城、“漕运古镇·隆真故里”文化资源，馆陶县有“我的运河情”“永济水镇”精品旅游项目，三地将文化旅游资源深度挖掘和有效整合，共同承办一届市旅发大会。通过市旅发大会平台能够更好地保护、传承、利用好大运河文化，有效推动大运河国家战略在邯郸落地实施。

（三）数字经济时代邯郸市大运河文化产业带发展策略

1. 利用数字技术建立运河文化数据库

邯郸大运河文化融合了沿线古都文化、名人文化、建安文学、红色文化、民间传统艺术等文化形态，形成了类别丰富的文化资源。利用数字技术对邯郸大运河文化资源进行收录分类、细化、编码，建立邯郸运河文化数据库能够更好地保护运河文化遗产。邯郸市应严格遵循标准规范，全面进行传统载体档案数字化转换，积极推进电子文件归档和电子档案管理，全面推进数字档案资源建设；应用先进技术和手段，保证数字档案资源真实、完整、可用和安全，满足各类用户共享需求。同时，应加大人才建设力度，通过培训或引进人才，为数字档案馆的建设和运行储备既通晓信息技术，又精通信息资源管理、知识管理的人才。

2. 科技赋能助力运河文化产业带建设

邯郸市大运河文化产业带的开发利用以生态水网综合开发以及旅游景观建设为主，科技赋能对于生态水网开发以及旅游景观建设大有裨益。邯郸市可以通过数字技术对运河流向、生态状况等进行精确地计算，利用大数据、云计算等科技手段制订出最适合邯郸市运河开发的建设规划；利用 3D 建模、VR 等先进科学技术对运河周边景观进行设计与开发，使得设计方案更加合理，减少资源的浪费；通过多媒体数字技术收录运河景观影像，利用 VR 技术实现云游运河、足不出户看运河，扩大运河宣传力度，提升旅游知名度。

第六章　数字经济时代河北省长城文化产业带发展现状与发展策略

长城是我国重要的线性文化遗产资源。长城文化旅游，是河北文化产业化的重要板块之一，在河北省文化旅游发展中占有重要位置，是河北省文化转型发展的重点内容。因此，本部分的研究主要侧重于数字经济时代河北长城文化产业总体情况，主要包括数字经济时代河北长城文化产业面临的新情况、数字技术带来的新机遇等内容，并结合对秦皇岛、承德、唐山等地的长城文化资源的调研，结合数字技术发展现状，为河北长城文化产业发展提出建议。

一、数字经济时代河北省长城文化产业带发展概况

河北省拥有丰富的长城文化旅游资源，主要分布在秦皇岛、承德、唐山、张家口、保定5个城市。其中，秦皇岛和承德长城文化产业发展相对成熟，张家口次之，唐山与保定亟待发展。从整体上看，目前河北省智慧旅游处于上升发展阶段，2012年秦皇岛被确定为第二批国家智慧旅游试点城市之一，2013年后河北省各地市展开智慧旅游

建设探索。以河北省文化和旅游厅为主导、河北广电网络承建打造的“云长城河北”长城公共文化线上互动平台，包括观长城、读长城、游长城等板块，达到可云游全貌、览观古今、品读文化、智游雄关的效果，能够实现“一部手机游长城”。同时，河北重视“数字再现工程”建设，推出长城国家文化公园的首个微信小程序“云长城河北”，推进长城文化资源与互联网融合发展。整体来看，河北省一直在进行长城文化数字化的尝试，并朝着更细致、深入的数字化方向努力。

（一）建立并完善长城数字旅游公共服务体系

河北省将长城文化数字化与智慧城市建设相结合，创新旅游形式，加强各类旅游 APP、网上相关平台等的开发与维护，加强游客与景区的线上与线下互动，实现旅游相关部门及行业的数字化联结，为游客的旅游全程提供便利，使得游客可以随时随地便捷地获取旅游信息。打造智慧旅游，实现旅游业与其他相关行业的融合。借力于智慧旅游，整合各类新型技术企业、城市公共服务提供机构为游客提供方便、快捷、优质的一站式的新型旅游服务，不断创新旅游模式，使长城文化旅游业成为综合性的、具有极强融合性的、能够提供高品质服务的强大产业。

（二）加快复合型人才的培养

河北省与高校联合，合作开设文化古迹保护、旅游线路开发、数据处理、编程等文化产业的相关课程，培养复合型人才。鼓励教师进行相关研究、发表论文，为长城文化的保护与开发提出具有科学性、专业性的意见。对现有人才进行培训，提升其业务能力，使其能够适应数字经济时代给旅游业带来的新要求。制定有利于人才培养与发展的政策，制定人才落户、奖励政策，防止人才流失的同时吸引周边地区人才，加强人才储备。

（三）打造长城旅游品牌，加强品牌数字化传播

要想提升竞争力，必须树立自己的品牌，河北长城文化旅游打造自己的核心品牌，提高知名度和竞争力。① 通过大数据获取用户偏好、游客印象，结合自身特色找准定位、打造品牌，开发属于自己的 IP，并运用互联网进行品牌的数字化传播，从活动营销开始，增强用户体验感，逐步形成固定印象，占领市场份额，提升竞争力。

二、数字经济时代秦皇岛市长城文化产业带发展现状与发展策略

秦皇岛市的山海关长城作为河北最精华的长城段之一，是长城保护工作中的重中之重。秦皇岛市针对长城文化保护发布了一系列政策文件：《秦皇岛市长城保护条例》《山海关历史文化名城保护规划》《长城执法巡查制度》《长城保护员管理制度》《文物安全应急预案》《文物保护项目审批流程》等。这些文件都建立在详细的调研基础之上，为山海关长城的保护建立了科学规范的体系与制度保障，文件规划详细、责任主体清晰明确，并设立了科学有效的逐级监督制度。

（一）秦皇岛长城文化概况

秦皇岛市长城具有资源丰富、分布范围广的特点，东起老龙头入

---

① 吴星：《河北省长城旅游产业高质量发展的数字化对策》，《河北地质大学学报》2021 年第 6 期。

海石城，西至青龙满族自治县城子岭口，绵延经过山海关区、海港区、抚宁区、卢龙县、青龙满族自治县 3 区、2 县、16 个乡镇、93 个村，全长 223.1 公里，拥有单体建筑 905 座、关堡 62 座，包括敌台 565 座、烽火台 107 座。秦皇岛段长城具有本地特色，生态良好。一是长城依山傍水，生态环境优美。沿线分布着角山、祖山、花果山、老君顶、天马山等旅游名山，拥有石河、洋河、滦河、青龙河、燕塞湖、天马湖、桃林口水库等众多河流、湖泊、水库，沿线的柳江盆地为国家级自然保护区。二是长城雄奇险秀，人文名胜荟萃。有万里长城山海关之“雄”，有长城入海石城之“奇”，有三道关、板厂峪之“险”，有董家口、祖山长城雕刻装饰之“秀”，可以说秦皇岛长城气势雄伟、风光秀丽、建筑精美、关隘众多、遗存丰富、故事动人，集中彰显了长城文化的精髓。长城沿线分布着贞女祠、悬阳洞、板厂峪窑址群、傍水崖古战场、白云山庆福寺遗址、宝峰禅寺、天马山石刻、香山纪寿石、红山长城采石场、铁瓦乌龙殿遗址等大量的文物遗存。长城及沿线历史、自然、旅游文化资源作为一个有机的整体，合点成线，铺开成面，天然形成一条长城文化廊道。① 秦皇岛市在对长城进行保护的基础之上，依托长城优质的旅游文化资源，合理扶持了旅游业的发展，初步推动形成了以长城为核心的旅游经济带，致力于将长城打造成秦皇岛的知名旅游名片，并力图借此有效带动周边产业的联动发展。

与纯天然的自然类景观不同，长城是拥有着丰富人文历史背景的人文类景观，因此拥有丰富的人文旅游资源以及自然景观资源，可以满足游客对历史文化以及自然风光的两种不同需求。

---

① 刘洁：《河北秦皇岛市多措并举 推进长城保护工作再上台阶》，《中国文物报》2019 年 10 月 29 日。

传说是增加旅游景点文化底蕴的一种重要形式。在长城修建与投入使用后的漫长岁月中，长城沿线流传下来许多神话传说。其中，孟姜女哭长城、秦始皇求仙入海、肖显题匾是秦皇岛人民口耳相传的历史传说，这些传说为长城文化产业带的开发提供了无限的拓展空间。如今，孟姜女的传说作为重要的民俗文化已经被列为国家非物质文化遗产。在山海关周边，为纪念孟姜女而修建的孟姜女庙作为重要的历史文化遗产被开发为旅游资源。孟姜女庙与老龙头一起，已经成为山海关长城旅游的一张名片。秦始皇求仙入海的传说更是给秦皇岛市城市形象的建设与旅游品牌的打造提供了重要的历史文化基础。在政策的指引下，秦皇岛市在旅游城市打造的过程中，充分地开发与利用了历史文化资源，将传说加以转化，在推动地方旅游经济快速发展的同时，也有效提升了秦皇岛的城市形象。

红色旅游资源是长城沿线重要的旅游资源，山海关在早期的抗日战争中扮演着重要的角色。如今，凭借山海关的八国联军营盘旧址、四野临时指挥部、烈士陵园以及峰山李大钊的故居和纪念馆等，已经形成一条独具特色的红色旅游路线，为弘扬革命先烈的抗战精神、推动秦皇岛当地红色旅游的发展做出了积极有益的尝试。

军事关隘资源是秦皇岛市独特的旅游文化资源。山海关素有“两京锁钥无双地，万里长城第一关”的美誉，是长城东端的重要关隘之一。长城作为一个完整的军事防御体系，其所遗存的烽火台、烽燧、边墙等，都具有极高的文物考察与游览价值。除此之外，战争中在长城所应用到的各类武器也独具特色，如秦皇岛所独有的长城石炮，如今就成了山海关长城博物馆的镇馆之宝。这些军事防御资源不但拥有极高的文化研究价值，还可以在保护的基础上合理开发与利用，作为独特的游览观光项目为游客们再现当年的历史场景，形成当地特色的旅游资源。

（二）数字经济时代秦皇岛长城文化产业带发展状况

2022年，秦皇岛市出台《促进数字经济发展八条政策措施》，界定数字经济和数字企业的范围，明确头部企业类型及补助总额的上限，促进数字经济发展。这八条政策措施涵盖了财政支持力度、头部企业奖励、升规奖励、落地奖励、数字化转型奖励、首购首用补助、争取政策资金、降低运营成本等方面。政策表明：秦皇岛鼓励数字经济企业在当地落地或设立研发中心、分支机构，对5G、大数据与物联网等产业化及应用示范项目和以新一代信息技术为支撑的电子商务等生产性服务业领域的平台经济项目，优先推荐申报国家、省专项资金。

秦皇岛市政府对于数字经济的发展进行了充分的政策支持与资金支持，这为数字经济时代发展长城文化旅游产业奠定了基础，有利于全国各类优秀数字经济企业进驻秦皇岛与当地传统旅游文化企业合作，助力秦皇岛长城文化产业带更好更快发展；也有利于本地传统企业的转型升级，加快长城文化产业带数字化进程。

现阶段，秦皇岛的文化产业已经依托长城深厚的文化历史资源进行了初步的探索与尝试，接下来的发展规划中，应依托现有的文化产业，打造专属的长城文化符号，与其他产业实现联动发展，形成以"天下第一关"的长城文化产业为核心的长城产业聚集区。

山海关长城博物馆始建于1991年，位于秦皇岛市山海关区，与北京八达岭长城博物馆、嘉峪关长城博物馆并称为我国三大长城主题博物馆，是一座以万里长城、特别是以山海关长城为主要展示内容的专题性博物馆。山海关长城博物馆是省、市、区三级爱国主义教育基地，是我国以长城为主题的博物馆之中较具规模者，在国内外具有一定的影响力和知名度。博物馆自成立以来，已经联合政府部门、民间企业等举办了诸如图书发布、主题讲座、红色主题教育等多场活动，对长城历史文化的普及以及旅游观光文化内涵的提升做出了重要贡献。在数字经济时代长城文化旅游产业的发展中，可以将山海关长城博物馆作为核心依托，利用其丰富的文化资源构建以长城文化为核心的产业聚集区。

2022年以来，山海关区坚持以长城国家文化公园建设为抓手，打造长城文旅经济带，将“一馆一园一城”建设作为发展旅游的牵动点、突破口，全力打造长城之首（老龙头）、长城之眼（山海关中国长城博物馆）、长城之关（天下第一关）、长城之城（山海关古城），叫响“天下第一关城”品牌。其中，山海关中国长城博物馆是长城国家文化公园建设的重点工程，定位为全国最具影响力的长城文化遗产保护传承利用现代化综合性博物馆，承载着全方位展示中国长城产生和发展、长城建筑结构与布局、长城历史文化传说、重大战役，以及展现沿线15个省、市的长城文化、长城文物保护利用、遗产保护传承、文化带建设发展、文化公园建设带来的美好生活等方面内容的重大任务，并将对长城国家文化公园进行全面宣传展示推介。秦皇岛市充分利用当地丰富、独特的长城资源和文化基础，使长城文化与现代技术相融合，充分利用3D影像技术、多媒体互动展示等手段，不断提升博物馆数字化水平，让文物“活”起来，将博物馆打造成为长城精神、长城文化、长城沿线非物质文化遗产等特色资源的集中展示平台。

秦皇岛市还谋划实施长城文化产业园、山海关长城风景道等工程项目，深度推进文旅融合，带动长城周边产业发展，持续释放兴文化、优环境、促发展的多重引领效应，全力打造世界一流、全国第一的长城文化地标、文化名片，让长城文化资源焕发发展新动能。

同时，秦皇岛市还积极探索古城治理新模式，加速实现古城繁荣发展。举办“一带一路”长城国际民间文化艺术节，举办“长城脚下话非遗”“长城音乐会”“长城之美摄影展”等活动，举办“长城之魂”非遗展、“长城之味”美食秀、“长城之技”工艺展、“长城之思”研讨会、“长城之约”体验游等活动。创新民宿管理新模式，探索竹居、大名帅府等“轻旅游＋微度假＋休闲”一站式主题民俗业态，建设“星光乐园”“非遗工坊”“青春潮街”“味蕾冲浪”等特色鲜明的文旅区域，构建集食、游、购、娱等于一体的夜生活形态，为游客和市民营造一步一景、一步百年的古城夜文化体验。并且将现代科技和古城文化结合在一起，拓展春、夏、秋、冬“四季游”，不仅让游客感受到游玩的乐趣，还可以感受到古城深厚的文化底蕴。通过培育古城特色业态，让古城“活”起来，也让古城“火”起来。如在2022年春节期间，秦皇岛市在山海关古城内举办《观·山海》长城情境光影秀，运用多媒体技术，让光影科技与情、景、人、秀合一，使游客领略天下第一关的烽火往事，欣赏海纳百川、包容万象的今朝美景。

（三）数字经济时代秦皇岛长城文化产业带发展机遇与挑战

在整个秦皇岛地区的文旅产业开发中，山海关长城是最具代表性的一张名片。数字经济时代，长城文化旅游产业也面临着一系列的机遇与挑战。

1. 数字化发展起步晚，融合性差

虽然近几年秦皇岛市政府致力于数字经济的发展，但相对于其他城市来说，起步较晚。因此，秦皇岛数字经济的发展状况不尽如人意，仅处于起步阶段，与旅游业融合度较低，技术含量不高，基本应用在文化传播阶段。

2. 基础设施落后

从景区游览的便捷性、舒适性来看，山海关景区的硬件设施亟待完善，景区内娱乐设施以及购物场所、餐饮住宿等条件相对较差。景区的收益主要依靠门票，旅游配套设施的不完善也成为制约景区发展与创收的主要原因，而配套设施不健全所带来的游客游览体验与舒适度的降低，会造成景区口碑的下滑，形成恶性循环。

3. 数字化机遇

从“互联网＋”到数字中国，国家高度重视数字经济发展，积极促进数字经济与实体经济的深度融合。作为国民经济重要组成部分的旅游业，紧抓数字化发展的新机遇，用“文化＋”“旅游＋”“全域旅游”“智慧旅游”等新理念推动旅游业供给侧改革，加强转型升级，实现由高速增长走向高质量融合发展。①

从河北省的总体发展规划来看，环渤海经济带的建设为沿线长城资源的开发创造了有利条件，而在国家的东北大开发战略中，山海关位于河北与东北三省的核心地理位置也为其发展带来了新的机遇。《秦皇岛市旅游业发展总体规划（2011—2020）》中，更是将山海关放在了旅游发展的中心位置。从国家到地方的各种优惠政策的出台，都为山海关长城旅游的发展提供了资金、人才、技术等方面的大力支持。因此，在数字经济发展、旅游产业转型的大背景下，长城文化旅游产业与数字经济融合发展将成为旅游产业的新动能、新模式、新思路。

---

① 吴星：《河北省长城旅游产业高质量发展的数字化对策》，《河北地质大学学报》2021 年第 6 期。

秦皇岛市建成市、县两级“文旅服务云平台”，持续推出“云”享文化大餐，不断丰富“云演艺”，打造“云观展”，促进“云传播”，推动精品演出在长城新媒体等平台播出，指导文博单位推出了“城市印象——秦皇岛老照片展”等一系列线上VR全景展览，举办“打卡美好秦皇岛”等网络宣传推介活动，吸引游客线上观景、线下打卡。加快推进智慧旅游建设，升级“乐游秦皇”平台，绘制了秦皇岛地图、重点景区地图、美食地图等系列电子手绘地图，“一部手机游秦皇岛”更加便捷时尚。秦皇岛市还不断丰富文旅数字产品，山海关景区、祖山景区推出景区数字藏品；打造了《观·山海》长城情境光影秀等富有科技魅力的旅游产品。

（四）数字经济时代秦皇岛长城文化产业带发展策略

1. 加快基础设施建设

数字化基础设施建设决定了秦皇岛市长城文化旅游产业的科技含量、数字化进程，只有为数字化发展打好基础，才能使其更好地与长城文化旅游产业进行融合。因此，需要加快电子信息产业企业入驻秦皇岛进程，加快5G网络基站建设，进一步推进5G信号覆盖，等等。

2. 创新宣传推介模式

新媒体时代，文旅产业的发展过程中，宣传环节起着至关重要的作用，在吸引游客观光游览以及当地特色产品的推广方面扮演着重要的角色。随着网络的发展与普及，各种新媒体账号成为人们获取信息的首要来源，在新时期文旅产业的宣传推介工作有必要与时俱进，转换发展思路，合理利用新媒体进行宣传。在秦皇岛，当前利用新媒体所进行的宣传推介中，已经出现了不少可以借鉴的成功案例。如阿那亚与三联书店所设立的公益图书馆，在开放前期，以“中国最孤独的图书馆”为定位，在社交媒体发布了大量宣传内容，成了著名的“网红打卡点”；碧螺塔酒吧公园也针对年轻客户群体进行了营销，在年轻人的群体内建立了口碑。

因此，在接下来的长城文化产业的宣传推介工作中，应充分借鉴成功案例的营销模式，打造自身独特的品牌，通过在官方微博、微信公众号、抖音、快手等平台形成新媒体宣传矩阵，塑造品牌效应，提高山海关长城品牌的知名度。

3. 建立并完善长城数字旅游公共服务体系

秦皇岛应将长城文化旅游产业数字化与河北智慧城市建设等结合起来，在各大长城景区不同场景实现 Wi-Fi 覆盖，深化旅游形式改革，加强对旅游云、景区官网、微信公众号等的开发与维护，加强游客与景区的线上与线下互动，争取实现旅游管理部门、景区、酒店、旅行社等相关旅游行业的数字化联结，为游客的问询、规划、实地旅游、游后回访提供便利，使得游客可以随时随地便捷地获取旅游信息。

智慧旅游被认为是能够有效提升旅游业服务质量并带动周边产业协同进步的有效路径。秦皇岛应打造智慧旅游，实现旅游业与其他相关行业的融合。旅游业的关联性极强，产业融合是旅游业的本质特性，与酒店、航空、金融、信息服务、信息技术的结合使旅游业呈现出显著的关联度和拉动性。智慧旅游使旅游产业与其他产业的融合有了更广阔的空间。借力于智慧旅游，旅游业能够整合各类新型技术企业、城市公共服务提供机构为游客提供方便、快捷、优质的一站式的新型旅游服务，不断创新旅游模式，使旅游业成为更具综合性的、融合性更强的强大产业。

三、数字经济时代承德市长城文化产业带发展现状与发展策略

承德在地理上扼华北平原通往蒙古高原与东北地区的要冲，历史上曾为游牧民族与农耕民族的交汇地带。有确切的考古资料及文献资料证实，在承德大地上，遗存有燕（战国）、秦、汉、金、明等时代的长城。其中：长城墙体总长度约 539 公里（燕、秦长城约 182 公里，汉代长城约 32 公里，金代界壕约 8 公里，明长城约 300 公里，其他时期长城约 17 公里），烽火台、敌台共 367 座（战国时期 17 座，汉代 341 座，其他时期 9 座），马面 21 座（战国时期 1 座，金代 17 座，其他时期 3 座），城址 41 座（战国时期 18 座，汉代 15 座，其他时期 8 座）。

（一）承德长城文化概况

明长城，是中国长城中距现在时间最近、修建质量最高、工程量最大的长城。最具知名度的承德金山岭长城作为明长城最具代表性、保存最完整的地段之一，因视野开阔、敌楼密集、景观奇特、建筑艺术精美、军事防御体系健全、保存完好而著称于世。金山岭长城拥有障墙、文字砖、挡马石和麒麟影壁四绝亮点，是万里长城的精华地段，素有“万里长城、金山独秀”之美誉。①

金山岭长城拥有完整的军事防御体系，设有障墙、垛墙、战台、炮台、瞭望台、雷石孔、射孔、挡马墙、支墙、围战墙等，层层设防，固若金汤。同时，金山岭长城建筑形式多样，敌楼有砖木结构，也有砖石结构。建筑形式多因山而异，一楼一式。楼墩有方形、圆

① 田桂兰、孙阁：《金山岭：四月芳菲艳长城》，《绿色中国》2020 年第 10 期。

形、扁形，楼顶有船篷形、穹隆形、四角形、八角攒尖顶等。另外，还建有多眼瞭望楼和库房楼，这些是长城其他地段少见的建筑。这些楼台高低错落、突兀参差，构成完整的防御体系。

登上金山岭长城，可以饱览千姿百态的北国风光。蜿蜒曲折的长城，犹如一条昂首摆尾的巨龙，飞腾在绵延起伏的奇峰峻岭之巅。金山岭长城一年四季变换着不同的景色供游人观赏。游览金山岭长城，游人仿佛走进一条古代艺术建筑的长廊。

总之，金山岭长城的风景名胜、文物古迹、军事设施、古建筑艺术、民间传说，都有很高的观赏价值和科学研究价值。

（二）数字经济时代承德长城文化产业带发展的现实条件

国家《“十三五”全国旅游信息化规划》中，从国家层面明确了“十三五”时期旅游信息化所面临的形势、发展目标、主攻方向、重点工程、优先行动和体制机制保障等内容。各地都以此为契机，加大投入力度，对传统旅游文化产业进行升级，结合“互联网+”进一步推进智慧旅游产业的发展和改革。① 而承德市凭借区位独特、文化厚重、资源丰富等良好优势，被确定为“国家绿色大数据中心”“京津冀数据大走廊”核心支撑城市，具有发展数字经济的得天独厚的优势。根据《河北省数字经济发展规划（2020—2025 年）》的相关指示，承德数字经济的发展方向是打造旅游大数据产业中心、完善大数据产业发展链条、发展重点示范园区等方面。② 总体来看，承德市长城文化和旅游产业数字化发展具有先天的政策优势。

---

① 刘润鑫、张思睿、郑昊：《基于智慧旅游平台的传统景区改造：以金山岭长城景区为例》，《承德石油高等专科学校学报》2020 年第 1 期。

② 王鑫垚、张勇跃：《后疫情时代承德市数字经济面临的机遇、挑战及建设路径研究》，《商业文化》2021 年第 8 期。

1. 金山岭长城景区自身优势

金山岭长城景区是一个自然资源与人文资源相结合的旅游胜地，是国家级风景名胜区、全国重点文化保护单位、国家 5A 级旅游景区，曾获评联合国“全球百佳可持续目的地”，并列入世界文化遗产名录。

金山岭长城，一年四季变换着不同的景色。春天，万物复苏，薄雾弥漫，杏花漫山，松鼠跳跃，大雁北归，热闹而又秀美，如置梦境一般，让人神飘云外。夏天，郁郁葱葱的树木、潺潺的山间溪水、五颜六色的彩霞和雨后彩虹把金山岭长城打扮得绚丽多姿。秋天，长城内外漫山红遍，各种野果挂满枝头。严冬雪后的金山岭长城，仿佛童话世界，蜿蜒起伏的长城在阳光的映照下就像飘落在万山丛中的一条玉带，那一座座敌楼就像镶在玉带上的一颗颗珍珠。自然风光是金山岭长城景区的魅力之一。

金山岭长城历史悠久，文物古迹丰富，是承德旅游发展的核心资源。文物工作者在金山岭长城上发掘出 1000 多件具有科学研究价值的珍贵文物，包括明代守城将士作战用的武器弹药、守城将士的日常生活用品等。魏府遗址、马鞍山古战场、战争博物馆等都是金山岭长城景区的重要组成部分，是游客了解中国历史的重要途径。

此外，金山岭长城景区还积极举办传统文化活动，如长城文化节、长城音乐节等，这些活动吸引了许多人前来观看和参与。同时，这里的特色美食，如烤全羊、炖羊肉等也成为景区对游客的吸引之处。

2. 承德市长城保护政策制度、工作开展情况

承德市各县（区）都设有文物保护部门，按照属地管理原则依法对长城进行保护管理，建立了长城保护档案，对部分长城重要点段竖立了保护标志，并根据辖区实际聘用长城保护员对长城进行巡查看

护。2015 年，承德市文物局组织人员对辖区内散落的长城文物及城砖进行了全面调查统计。通过此次调查，基本摸清了长城散落文物及城砖情况，为有针对性地开展长城保护工作奠定了基础。2016 年，承德市文物局组织召开了全市长城保护员培训会议，使长城保护员进一步熟悉了承德长城基本情况，了解了长城保护相关法规政策和相关工作要求，明确了职责，为更好地开展长城保护工作打下了坚实基础。

承德各县（区）文物部门除了对长城进行保护管理外，还做了大量的研究工作，《河北围场境内的古长城和古城址》《河北丰宁境内的古长城和金代界壕》《从金山岭长城看长城敌楼的建筑形制》《古代长城砖瓦的制作》和《长城的武器——礌石的种类和作用》《从库房楼铺房看金山岭指挥机构》等一大批与长城有关的学术文章相继在国家级、省级专业刊物上发表，充分展示了承德市长城的内涵，为研究长城历史提供了重要资料，同时也提高了人们热爱长城、保护长城的责任意识。

3. 合理利用长城资源，增强长城自身的发展活力

当前，依托文化遗产所开展的旅游已成为文化遗产合理利用的主要方式。以金山岭长城为例，通过举办金山岭长城杏花节、金山岭长城马拉松赛、全国青少年文化遗产知识大赛、金山岭长城徒步大会、国际摄影大赛和旅发大会等大型的有影响、有特色的活动进行宣传，极大提升了金山岭长城的品牌效应。2016 年，又成功举办了“千名美国游客游长城”活动，使金山岭长城的知名度和影响力享誉海内外。2016 年，金山岭长城共接待中外游客 30 万人次，实现景区门票收入 1500 万元，为金山岭长城保护工作提供了更多的资金保障，实现了文物保护和旅游发展的良性循环，创造了良好的社会效益和经济效益。

承德市依据《文化旅游产业发展实施方案》，以京津冀水源涵养

功能区和生态环境支撑区建设为引领，以建设国际旅游城市为统领，以全域旅游为路径，以产业融合创新为引擎，以重点产业项目为抓手，重点发展文化旅游创意、文化旅游观光、旅游休闲度假三大旅游产业板块。

金山岭长城景区一直致力于数字化转型升级，现已完成部分信息化基础设施建设，包括部分功能区室外 Wi-Fi 布放、部分区域设置智慧停车管理系统等。

（三）数字经济时代承德长城文化产业带发展机遇与挑战

1. 机遇

智慧旅游是一种基于互联网、大数据、物联网、云计算、高性能信息处理、智能数据挖掘等技术在优化景区管理、提升游客体验感、节能增效方面的应用，使旅游物理资源和信息资源得到高度系统化整合和深度开发激活，并服务于公众、企业、政府等的面向未来的全新的旅游形态。① 它以融合的通信与信息技术为基础，以游客互动体验为中心，以一体化的行业信息管理为保障，以激励产业创新、促进产业结构升级为特色。简单来说，智慧旅游就是利用移动云计算、互联网等技术，借助便携的终端网络设备，主动感知旅游相关信息，并及时安排和调整旅游计划。发展智慧旅游，改变原有的粗放式管理，将行、食、住、游、娱、购六大服务职能深度融合，能够全面提升游客体验感；发展智慧旅游，有效监测景区的生态环境、服务设施、游客安全、街区流量，能够提升景区治理效能；发展智慧旅游也为景区商家拓宽了营销宣传渠道，便于吸引游客前往消费，从而提升景区

---

① 彭梦春：《张家界“互联网＋旅游”融合发展的实践探索》，《互联网天地》2016 年第 12 期。

收益。

承德市长城旅游资源丰富，智慧旅游为承德长城旅游进一步发展提供了机遇。2019 年 12 月，党中央、国务院印发了《长城、大运河、长征国家文化公园建设方案》。其中，金山岭长城作为长城国家文化公园重点建设区，是河北省现行试点区域。金山岭长城国家文化公园建设以金山岭长城为核心，覆盖周边区域，涉及保护传承、环境配套、文旅融合、数字再现四大主题。文旅融合区规划建设金山岭长城自然博物馆，将长城博物馆、抗战纪念馆、国旗国歌国徽展览馆三馆合一，同时还规划设计了室内的大型演出、数字再现飞越长城等项目。

2. 挑战

虽然近年来承德市一直致力于数字化转型升级工作，但仍有不足，且随着时代的发展、游客数量的增多，工作中也遇到了一些问题。具体如下：

目前的门票销售还停留在传统的现场销售、电话销售和旅游网站代销的模式，门票收入稳定但无法通过门票的销售数量来判断实际到访游客数量，这就导致对景区容量判断不及时，无法在游客流量高峰期对游客进行分流、疏导，影响了高峰期游客的体验，并且存在着一定的安全隐患。

景区位置相较而言比较偏僻，网络基础设施不够完善，无线信号覆盖情况差，削弱了游客与景区工作人员间的联系，留下安全隐患，遇到突发状况时无法及时取得通信，不利于保障游客的安全。

相关数据收集不足，旅游线路单一，无法根据游客喜好制订个性化旅游路线，造成资源浪费的同时，也导致景区缺乏吸引力。

承德市长城文物保护工作的开展目前依靠的是以村民为主体的长

城保护员。他们配备有专门的服装、皮尺、望远镜等装备，通过肉眼观察、皮尺测量等方式进行长城险情的日常监测，监测包括长城楼体、敌楼等建筑有无裂缝等情况。然而，在科技监测领域还是一片空白，航测建模、3D 建模、数据库、监控室、监测中心等配套技术和设施都未引入或建立。

（四）数字经济时代承德长城文化产业带发展策略

承德长城文化属于带状文化，具有辐射范围广、资源分散的特点，利用大数据、云计算、人工智能、遥感技术等高科技手段，收集承德市长城文化资源，包括其周边文化、野长城等资源信息，对长城文化资源进行整合，有利于从整体入手进一步开发长城文化旅游资源。

1. 打造智慧旅游

智慧旅游的建设应当是全方位成体系的，应充分利用 5G、物联网、大数据、云计算、人工智能、区块链等技术，围绕终端、网络、数据、平台等要素，形成以消费者为本、为消费者服务的平台。这一平台，将成为集旅游咨询、旅游管理、应急指挥、旅游服务等于一体，设计理念超前、运作模式先进、管理方式创新、产业带动明显、功能较为完善的旅游综合平台，符合国家对 5A 级景区的信息化要求。承德还应以智慧旅游为建设目标，全面整合景点、交通、住宿、饮食等旅游信息资源，建设多媒体、多形式、多服务、多终端支持的智慧旅游信息化体系，加快智慧旅游建设。通过智慧板块整合旅游资源，促进旅游行业健康快速发展；树立品牌形象，带动承德旅游经济快速发展；从旅游前、旅游中、旅游后全流程改进旅游行业整体服务水平和服务质量，提升游客服务感知，带动景区经济发展。

2. 突出品牌效应，利用互联网扩大知名度

特殊的地理区位、承德避暑山庄品牌的深远影响、异彩纷呈的多民族文化是承德市文化产业发展的重要文化资本，充分挖掘开发这些文化资本的经济价值将会推动承德特色文化产业的发展。承德市应充分依托地方特色，将避暑文化、少数民族游牧文化与长城文化进行融合，做大做强，通过文学、艺术、电影、电视作品形式，借助互联网等信息平台以及交通实体平台，加大宣传力度，增强承德长城文化的影响力。

3. 依托人才资源，创新文旅产品营销新渠道

承德应着力培养善于挖掘承德特色资源、整理归纳承德特色文化的创意人才，保障体现长城文化的创意产品开发。可以利用独特的长城文化资源推出长城系列文化 IP 及文创产品，线上线下一体化销售，丰富景区业态，提高景区的知名度。例如，通过直播带货、开设网络旗舰店等方式开拓新型旅游纪念品销售模式。同时，随着年轻一代正在成为旅游市场的中坚力量，旅游宣传、文创产品和传播渠道需要重新调整。伴随着新媒体技术的更新迭代，金山岭长城景区应当在新媒体领域发力，扩充社交网站、微博、论坛等新媒体营销渠道。

四、数字经济时代唐山市长城文化产业带发展现状与发展策略

唐山境内长城共 228.4 公里，东接山海关、老龙头，西接慕田峪、八达岭，名关险隘 29 处，有长城墙体 289 段、敌台 646 座、烽火台 96 座、关堡 47 座、相关遗存 28 处。唐山境内长城主要位于唐山北部，燕山山脉南坡，沿山脊自东向西北延伸，成为华北平原的北部屏障，有着悠久的历史和丰富的古迹，是我国万里长城的重要组成部

分，已被河北省人民政府公布为省级重点文物保护单位。

（一）唐山长城文化概况

唐山长城沿线民风古朴，掌故传说颇多，是唐山文化旅游发展的重要资源。遵化鹫峰山长城、迁西潘家口水下长城、迁安大理石长城、青山关、喜峰口、冷口关、监狱楼、七十二券楼、水门、长城砖窑、养马圈等皆为唐山长城沿线景点。唐山长城沿线旅游景区众多，有清东陵、鹫峰山、景忠山、灵山、白羊峪等，接待设施完善。唐山长城颠连起伏，气势恢宏，城堡、烽火台据险而布，关寨、水口因地而设，历经数百年仍基本保持原貌。其中，“潘家口”“喜峰口”水下长城，由于兼具北方雄奇和南方秀丽之美，人文景观与自然景观完整融合之奇，受到世人瞩目，成为长城景观中一枝独秀的旅游热点景区。

被誉为长城第一窑的“左三窑”位于迁西大岭寨，发掘于 1985 年，因砖上刻有“左三”字样而得名。1993 年经全面挖掘，共发掘古长城砖窑 7 座，是迄今发现的长城沿线最大最完整的砖料基地，解开了长城砖的来源之谜。迁安大理石长城长约 1.5 公里，高 10 米，宽 5 米。城底、敌楼基础多为大理石，在万里长城中十分罕见。喜峰口古称松亭关，是史上有名的古战场。当年二十九路军在此抵抗侵华日军，由此产生的《大刀进行曲》家喻户晓，为喜峰口长城增添无穷魅力。长城沿线还有戚继光戍边御敌 16 年统领军务所用的指挥部——蓟镇总兵府、经联合国教科文组织认定的地球岩石鼻祖、36.7 亿年前的太平寨麻粒古岩、迁安爪村旧石器遗址等一系列景点。

（二）数字经济时代唐山长城文化产业带发展状况

唐山市加强顶层设计，编制了《唐山市文化和旅游产业高质量发展专项规划（2021—2025）》《唐山市文化和旅游产业高质量发展三年行动方案（2020—2022）》《唐山市推动文化旅游产业高质量发展的若干政策》，进一步健全文化和旅游规划体系。唐山市还发布了《关于进一步促进文化和旅游消费的实施方案》，积极培育壮大新型市场主体，丰富消费业态，推出消费惠民措施，激发产业发展活力。一系列政策、措施的出台，为唐山市文化、广电和旅游高质量发展提供了有力支撑。

唐山市加强长城文化遗产保护工作，组织完成了长城险情排查工作，共排查出存在险情的墙体 11 段、关城 4 座、谎城 2 座、敌台 26 座、烽火台 3 座，均纳入省级抢险加固项目库。遵化大石峪长城抢险加固保护工程通过验收，迁西潘家口、青山关、榆木岭长城修缮工程及迁安徐流口 4 号、21 号敌台抢险加固工程完工。

唐山市在长城文化遗产保护工作中拓展工作手段，积极融入数字技术。比如，喜峰口“水下长城”修缮项目，本着“修旧如旧”原则，以现状整修、排险为主旨，利用数字技术采集全景影像和设计多段长城三维模型，助力“水下长城”的修缮保护，解决长城本体的结构安全问题。通过数字化数据成果，唐山市科学地记录施工过程，并在过程中及时发现施工中的问题，实现对修缮工程的管理。北京大学考古文博学院团队针对此次“水下长城”修缮还开展了有针对性的考古调查、建筑考古研究，指导修缮工程清理工作的开展。主要采用了无人机摄影测量、全景摄影和卫星定位等数字化手段，在修缮工程中分别于干预前、清理中、修缮施工中和竣工后等重要阶段对试验段进行数字化记录，形成由摄影测量模型和全景图像数据组成的试验段“源场景”成果。天津大学也参与进来，运用自研长城数据库探索建立长城数字博物馆，与“腾讯公益”建立数字文物保护公益项目，支持长城考古研究、修缮技术升级及公众科普教育，向公众展示长城研究的新发现。

喜峰口“水下长城”修缮项目是采用数字技术的一次探索性尝试。长城的修缮不仅为了保护文物本体，更多的是为了让更多的人认识长城，认知长城精神，这是长城修缮项目建设的意义所在。唐山市利用腾讯公司一系列产品、相关平台、相关技术，用年轻人喜闻乐见的方式重新诠释和弘扬长城文化，如通过长城星空影像、长城故事绘本、长城搭建游戏等，让公众重新认识长城、走进长城，最终喜爱长城，并吸引更多的人参与到长城保护工作中来。

（三）数字经济时代唐山长城文化产业带发展机遇与挑战

2020 年，唐山市编制出台了《“智慧唐山”2020—2022 年行动计划》，旨在利用 3 年时间，实现城市从数字化到智能化，再到智慧化，将唐山建设成为省内第一、国内领先的新型智慧城市。唐山调旧育新、破立并举，紧密结合数字经济，构建“4＋5＋4”现代产业体系。拓展信息高速公路的“长度”与“宽度”，打破窠臼、突破瓶颈，以新基建释放更大潜能，为数字经济繁荣以及高质量发展提供刚性支撑。同年，制定了数字产业发展规划、工作方案、支持政策等系列文件，为数字产业发展指明了方向和目标。2020 年 1 至 12 月，全市数字产业完成营收 124.94 亿元，同比增长 53.94%，数字产业发展势头强劲。唐山市是全省唯一新型智慧城市建设五星级试点城市，一直致力于智慧城市的建设，坚持以人民为中心的发展思想，推进 5G、大数据、物联网等技术在不同领域的推广应用，让百姓共享数字经济赋能城市发展的成果。

1. 机遇

2022年唐山市总投资39.67亿元，建设长城国家文化公园（唐山段），依照《长城国家文化公园（唐山段）建设保护规划》，按照1个管控保护区、5个主题展示园、10个文旅融合发展示范区、35个传统利用区的整体架构，积极推进保护传承、研究发掘、环境配套、文旅融合和数字再现五大工程建设，构建“一轴四段五园十带十区多点”的唐山段总体布局。

在长城国家文化公园建设项目中，长城国家风景道是对遵化、迁西、迁安三县（市）现有长城绿道、长城旅游路的再提升，属于总体布局中的重要基础工程。遵化马兰峪段、汤泉段、侯家寨段24公里已经改造完毕，沿线重要节点得到美化、绿化和亮化。迁安段道路主体设施、游憩服务设施、景观环境、配套服务设施建设统一推进。迁西段部分路段开始施工。此外，长城国家风景道中的长城文化遗产步道项目完成方案设计，已经着手启动前期工作。为充分挖掘长城资源，全面对接乡村振兴工作，三县（市）在长城国家风景道沿线同步着手氛围营造，强化长城历史环境保护。针对山体破损、沿线村庄建筑风貌不整洁、管线设施不整齐、环境卫生需优化提升等问题，开展了环境整治，不断改善景观质量，确保长城沿线道路畅达、生态风景良好、文化氛围浓郁。

长城（唐山段）沿线已经建成禅林寺、白羊峪、青山关等国家A级以上景区22个。各景区根据自身特点丰富旅游业态，加强停车场、旅游厕所、旅游标识牌等旅游基础设施建设。与此同时，多个重点项目加快推进建设步伐，不断提升长城国家文化公园建设的整体水平。例如，对于迁西县喜峰口长城保护展示利用项目，完成了《喜峰口长城抗战展示馆规划设计方案》的制定，项目初步设计和展陈设计也在逐步推进；迁西县云天漫步项目不断推进闲置民宅征收、12 套精品木屋建设、水电路基础施工及山体护坡修复工程建设；迁安市白羊峪大理石长城文旅融合区建设工程项目，不断推进北部旅游区交通服务中心建设。除了集中实施喜峰口长城遗址公园、迁安白羊峪大理石长城文旅融合区等一批长城文旅融合标志性工程外，遵化、迁西、迁安持续谋划做好“长城人家”民宿建设，并引导长城文化主题民宿、特色餐饮、土特产品等业态向白羊峪、李家峪、青山关、马兰峪等村镇聚集，打造长城脚下的美丽乡村。

唐山市精心提炼长城（唐山段）抗战文化、建筑文化、军事文化等文化资源，挖掘释放长城文化蕴含的精神内涵，讲好长城故事。迁安市成立古长城文化研究中心，编纂《边乡长城——迁安行》图书，开展“边乡长城”主题系列访谈，云发布“边乡长城”“五个一”研究挖掘工程作品，推出“边乡长城”四季游踏青赏花攻略短视频。迁西县成立长城文化研究会，为长城国家文化公园建设提供有力文化支撑，创办“迁西长城文化公园”微信公众号，举办“寻找最美长城守护人”“我为长城添块砖”“青山关长城文化旅游节”“讲好迁西长城故事”“长城摄影展”等有关活动传播长城文化。遵化市推出“一步越千年”微信专题活动、“巡迹古长城”二日游线路，将禅林寺、鹫峰山、凤凰岭长城、金融街古泉小镇融合发展，对长城文化进行广泛宣传推介。

2. 挑战

发展数字经济需要推动数字经济和实体经济融合发展，这是一个“数字化”和“产业化”双向融合发展的螺旋式上升过程。发展数字经济的着力点在于实体经济，数字经济必须与实体经济融合发展、相互支撑；实体经济必须加快数字化发展，才能实现转型升级。对于唐山的长城文化产业发展来说，既要抓住机遇，抓住数字经济这个“风口”，又要不断保护、完善实际的长城文化资源，如何做到在保护与传承的基础上实现长城文化资源的数字化转型，是一大挑战。

除此之外，唐山长城文化旅游资源也有其自身的短板。首先，与八达岭长城、嘉峪关长城等相比，唐山长城知名度较低，景点分散，吸引力小。其次，与其他长城同质同源，开发缺乏个性与特色，且未进行统一的规划与开发。

（四）数字经济时代唐山长城文化产业带发展策略

1. 因地制宜，突出唐山特色

唐山长城文化开发应该根据自身的地理环境、发展战略、制约短板、自身需求和资金实力等具体情况，制订“量体裁衣”的数字化转型方案。把握数字化、网络化、智能化方向，推动互联网、大数据、人工智能与传统产业深度融合，不断增强产业链供应链韧性和弹性，加快产业结构优化升级。建设旅游精品方面，要突出唐山特色，挖掘长城文化内涵，增强旅游品牌意识，提高唐山长城的知名度，提升唐山长城文化旅游在旅游市场的竞争力。面对数字经济浪潮的席卷，不必盲目追赶互联网“风口”，而应厘清现有优势，让数字经济与长城文化产业更好地融合。数字化建设既是新目标，也是巩固扩大原有优势的方法，无须“另起炉灶”“重启赛道”也能发挥重大作用。

2. 深度挖掘长城文化内涵

唐山应利用大数据等高科技手段深度挖掘长城文化内涵，通过网络搜集、实地调查等方式收集长城文化资料，进行分类、整理、编码，并通过大数据进行分析，提高开发层次，并在设计旅游线路、景区经营中依据大数据反馈及时调整开发策略。此外，应通过大数据技术尽可能多地收集游客意见等资料，以最大限度满足游客需求为目标，打造有内涵、深层次的长城文化旅游品牌。

3. 利用互联网扩大宣传

新冠疫情期间，互联网发展的速度不降反增，各种短视频软件、官方社交平台的崛起，为唐山长城文化的发展提供了新思路。唐山应当在各大平台建立官方账号，通过各种活动与事件的营销，扩大唐山长城知名度；同时，积极融入旅游市场，与国内知名旅游电子商务门户网站合作，创新旅游门票营销模式；与京津冀100多家旅行社合作，加大区域市场推广力度；联合唐山其他景区，形成文化特色旅游链；以“山海游”“园林游”“历史游”“文化游”为主题，融入覆盖京、津、冀、晋、辽等区域的多条旅游线路。

五、数字经济时代张家口市长城文化产业带发展现状与发展策略

张家口境内长城历史悠久，燕长城、赵长城、秦长城、汉长城、北魏长城、北齐长城、金长城乃至明长城无不有之，总长1476公里，占河北省长城长度的三分之二，占全国长城总长度的六分之一，为全国保存长城最多的省辖市，素有“长城博物馆”的美称。

（一）张家口长城文化概况

战国时期，在诸侯国之间激烈竞争以及北方游牧民族不断侵扰的背景下，燕国、赵国分别在今张家口境内修筑了长城。[①] 史学界认为，

---

① 王永波：《“对话文物”：齐长城的概况、价值及其资源保护》，《人文天下》2021年第3期。

沽源即古造阳之地，因此沽源境内的长城为燕北长城的西段，全长 15 公里，墙体黄土夯筑。据考古调查记载，赵国在今张家口境内修筑北长城，主要分布在张北县、万全区、怀安县和尚义县境内，总长约 83 公里。长城墙体主要采用夯土、土石混筑及石块垒砌的方式筑成，在许多地段沿线修有鄣城、关城和烽燧。

秦代，秦始皇统一中原后拆毁了各诸侯国所筑的长城。为了防御北方游牧民族匈奴的侵扰，在各国长城旧址修筑了秦长城。经调查，秦长城大体呈东西走向，绵延曲折建于今张家口市的怀安、尚义、万全、张北、崇礼、沽源等地的交界处。秦长城铸就了万里长城的东北段边防线。

汉代时期，汉长城是继秦长城之后的又一项防御工程。汉武帝为抵御北方匈奴不断侵扰，下令修缮长城来防止匈奴南下。张家口境内的汉长城为汉长城的西段，自西向东经张家口怀安、尚义、万全、崇礼、沽源、赤城等地，长约 223 公里。

北朝到金代时期，为了防御北方游牧民族的扰掠，各个朝代也采用了修筑长城的方法。首先是北魏明元帝时期的阴山长城，它主要分布在张家口市区及赤城、沽源、崇礼、宣化、万全、张北、尚义、怀安等地，部分地段沿用了战国时期赵北长城、秦汉长城。其次是北魏“畿上塞围”长城，这条长城进入张家口市涿鹿县后，复西转西南经蔚县南部入山西省境内。此外，张家口境内的北齐长城系沿用北魏长城。

为抵御北方契丹人的侵扰，唐代开元年间修筑长城。这条长城大部分位于赤城县境内，宣化区与赤城县的交界处也有一小部分，基本呈东西走向，全长约 70 公里。墙体有土筑和石筑两种，沿线建有鄣城和烽燧，其中大部分烽燧在明代被修缮利用。

金代的长城防御体系比前代更加严密。金长城有主线和多条支线，张家口康保县境内的长城是金长城的南线，主要由壕堑、夯土墙体、望台三部分组成。① 金长城过张北—康保公路后，经西柏坡村村北入处长地乡三老汉村村北，向西过处长地南、边墙渠北、大清沟北、康家地南进入李家地乡民善村村北，过二马坊北、康福柱北、姚家滩北、二彦北村、孙家营北，由毛胡庆村村北向西出境，全长约 65 公里。

明代，明成祖迁都北京，张家口地区成为直接与游牧民族接壤的边塞，成为边防的重中之重，因此长城的修建受到了极大的重视。明长城在张家口境内约 666 公里。据史料记载，当时宣府镇管辖的长城分南、北两线。北线长城东起延庆区四海冶，西至怀安县西洋河马市口，属于外长城，也称大边。大边之内，在一些地势险要处修间断的长城，称为二边。南线的长城东起四海冶南的海子口，西抵阳原西部，多数地段无城墙，以连续不断的烽火台构成一条烽火传递路线。为了防止蒙古骑兵南下，北线长城、南线长城、昌镇长城和真保镇长城成为护卫京师的多重防线。内、外长城和密集的烽火台相互呼应，共同构成抵御外侵的坚固阵地。②

（二）数字经济时代张家口长城文化产业带发展状况

近年来，张家口市先后出台了《张家口市文物保护管理实施办法》《张家口市人民政府关于加强对长城管理的通知》等法规性文件，并与全市各县（区）签订长城安全责任书。值得一提的是，2012 年张家口市成立了河北省首个长城保护专业机构——长城保护管理处，专

---

① 李菲、李锰：《河北长城文化带建设及路径研究》，《河北旅游职业学院学报》2021 年第 4 期。

② 河北省地方志编纂委员会编《河北省志（第 81 卷）（长城志）》，文物出版社，2011。

司负责全市的长城保护管理工作，并制定了《全市长城定期巡查制度》，使张家口市长城保护管理工作有规可循。2021 年，张家口市结合自身情况推出一部市级长城保护法规。一系列法规、制度的制定，为张家口长城文化保护和发展提供了政策支持。

随着张家口长城保护与文化挖掘日益受到重视，诸如建筑风格粗犷质朴、从高空俯视形制如同尖角的赤城县独石口长城；工艺考究，由整齐的石条砌成，堪称明长城中的“样板工程”的怀来县庙港长城；素有“明代卫所活化石”之称的万全区右卫城等一批长城历史遗迹被世人所熟知。

同时，张家口长城学术研究十分活跃，文章主要收录在《张家口历史文化研究》期刊中。其中，以胡明、杨润平、张连仲、刘振英等先生的文章较有影响力，胡明、杨润平、王晓轩等先生还编著出版了有关著作，为张家口长城研究和宣传做出了贡献。现在已经形成了一个张家口长城文化研究群体，用多种方式宣传着张家口的长城文化。

1. 保护现状

张家口地区的长城距今已有 2000 多年的历史，长城本体以及相关遗迹饱经岁月的沧桑和风雨的洗礼，已不堪重负。据了解，张家口地区目前普遍存在一些建筑质量差的经自然和人为破坏的土石混筑墙体坍落成堆、毛石墙体坍塌垮架的长城。就连距离我们最近的明代长城墙体也遭到严重破坏，部分县（区）内的明长城已经坍塌成石堆状。当然，也有部分长城墙体和遗址保存相对较好。在赤城县雕鹗镇黎家堡村村北的一段约 800 米的唐长城墙体保存较好；还有燕、赵时期的相关长城遗址被明代修缮，现保存基本完好。

面对如此严峻的现状，张家口相关部门坚持长城的一切开发、利用和管理工作以保护为前提。2006 年，对当地的长城进行全面的勘探，将传统的古调查方法与现代科技手段相结合，对长城墙体、单体建筑以及关、隘、堡等与长城相关的遗迹、人文环境等逐一进行了测绘登记。经过精确地记录，还为张家口长城建立了档案。此外，张家口市、县文物行政管理部门负责对各自管辖的长城区段进行日常保护管理工作；长城沿线的各县（区）与乡镇、乡镇与村民委员会签订长城保护责任书，加大对长城保护的宣传力度，把宣传工作做到村民家中，让大家知晓“保护长城，人人有责”。近年来，张家口市、县对宣化镇长城城墙、万全右卫城、大境门段长城进行修缮，同时加大财政投入，强化日常巡查看护，长城的保护工作取得了显著的进展。

2. 管理现状

近年来，随着长城保护区和旅游景点的设立，张家口地区先后设置了怀来县鸡鸣驿管理处、桥西区大境门管理处和张家口堡子里管理处 3 个专门保护管理机构，从而更加专业、规范地管理长城。此外，张家口长城保护管理处指导各县（区）陆续对长城保护员进行培训，使参训人员熟知长城保护条例及长城保护员职责，增强了长城保护员的防护能力、工作信心以及文化使命感。管理处还明确要求管理人员平常要加强巡查，做好巡查登记工作，通过数据采集、现场拍照、文字记录了解长城的近况，为突发情况做好准备。

在张家口 88 处长城区段中，只有上述的少部分成立了专门的管理机构，大部分无专门的管理机构但是有专职人员、长城保护员进行管理。当然，也有少部分无专职管理机构、专职人员和长城保护员管理。

（三）数字经济时代张家口长城文化产业带发展机遇与挑战

1. 机遇

2022 年 2 月 17 日，“东数西算”工程正式全面启动，张家口数据中心集群跻身国家规划的 8 个枢纽 10 个国家数据中心集群之中，这为张家口数字产业未来发展带来了新契机。在“东数西算”工程提出之前，张家口就出台了《张家口市数字经济发展规划（2020—2025年）》，进行“一带两翼三区多园多节点”的数字经济发展空间布局。“一带”即以京张高铁和张石高速为轴，沿怀来县、宣化区、经开区、桥东区、张北县一线，构建充满活力的大数据产业发展隆起带；“两翼”指在坝上地区构建数字经济存储支撑翼，在坝下地区构建数字经济特色应用翼；“三区”即围绕“一带”分别建成以张北、中心城区、怀来为龙头的大数据产业三大功能区；“多园”即重点打造张北云计算基地、怀来大数据产业基地等产业园；“多节点”指各县（区）立足自身实际，培育壮大一批区域核心产业、关联产业和融合产业主体，打造形成一批符合本地特色的支撑数字经济发展的企业或产业集群。随着数据处理能力的提升，张家口数字经济的发展将迈上一个新台阶，这也为长城文化产业的数字化转型提供了机遇。依靠强大的数据处理能力以及周边产业的转型升级，张家口长城文化产业能够不断提高技术水平以及发展规模。

此外，张家口市承担着河北省长城国家文化公园 4 个重点建设区中的两个区段（大境门段、崇礼段）的建设工作。围绕建设“管控保护、主题展示、文旅融合、传统利用”四类主体功能区，张家口实施了“保护传承、研究发掘、环境配套、文旅融合、数字再现”五大基础工程建设，深入挖掘张家口长城遗产的文化价值、景观价值和精神内涵。2019 年底以来，市本级安排资金 1.01 亿元，用于来远堡内环境整治、长城文化博物馆布展、新寺遗址保护棚（万里茶道文创展厅）项目建设。2021 年，争取到省级旅游专项发展资金 2120 万元，用于张家口长城博物馆布展等 4 个项目建设。2022 年，争取到省级旅游发展专项资金 200 万元，用于来远堡遗址公园改造提升工程。同时，张家口积极引入了企业力量参与到长城国家文化公园大境门段建设之中，推进实现共建共享。

张家口还在长城国家文化公园大境门段打造“守望和平、开放融合”明德口街长城文化核心展示园、西太平山长城保护主题展示带和来远堡特色展示点，重点展示张家口长城文化蕴含的边塞文化、商贸文化和民族融合文化内容，突出展示了大境门作为万里长城和万里茶道唯一交会点的历史价值。

同时，数字再现工程是长城国家文化公园建设的重点内容，河北省打造了可阅读长城数字云平台——“云长城河北”，使游客可以“一部手机游长城”。张家口市还对重要长城点段开展数字化采集，与河北省智慧化平台进行对接，实现数据资源共建共享。

此外，作为 2022 年冬奥会雪上项目举办地之一，崇礼拥有丰富的长城遗迹资源。打造“长城脚下冬奥会”精品长城国家文化公园项目，为张家口提供了一个吸引世界各地游客、提升国际影响力的重要窗口。借助冰雪产业打出的知名度，张家口可以将冰雪文化与长城文化相结合，融合发展。冬奥会期间，冰雪＋长城的模式就已被运用到比赛场地中，如在个别赛道中，就将长城作为了赛道的一部分，独具地方特色。

2. 挑战

张家口市基本县县有长城，但各县（区）旅游发展基本处于单一化的初级阶段，缺乏对长城及沿线的整体规划；缺乏对张家口长城以及周边历史文化资源的统一整合；缺乏包装式的整体开发，没有彰显出张家口地区的文化特色，同质化较为严重；再加上周边资源比较分散，整体上还缺乏明确统一的旅游规划路线。

同时，张家口长城文化旅游发展存在分散、规模小、不规范、配套设施不完善等问题。近年来，张家口市景区建设在不断地完善，建设了多个度假村和酒店，交通、通信等基础设施也有了明显的改善。但是主要景区的基础设施与需求还存在着较大的差距，一些景区的基础设施还不完备，多数景区未达到标准。且由于地理环境等原因，仍存在交通不便、网络信号差、缺乏线上服务等问题，基础设施建设仍需加强。此外，张家口只有少数县设有长城博物馆，大部分地区还没有设立专门的长城博物馆对长城以及长城文化等进行展示宣传。

（四）数字经济时代张家口长城文化产业带发展策略

1. 建立张家口长城文化和旅游资源数据库

根据对张家口长城文化资源的调查研究发现，张家口长城文化资源具有分布范围广、种类多、保护难度大等特点，这也给张家口长城文化旅游产业带的构建增加了较大的难度。因此，梳理境内长城文化资源、进行细致的整理、建立长城文化旅游资源数据库十分重要。张家口应借助“东数西算”所带来的机遇，建立数据库，通过数据库的建设厘清长城现存状况，更好地对不同长城文化进行分类，制订针对性的修复与开发措施。

2. 促进数字经济产业与长城文化旅游产业的融合

张家口应借助高新技术助力长城文化旅游产业的发展，将大数据、多媒体、虚拟现实技术等运用到产业的发展当中。具体如下：注册官方微博、微信公众号等，加强线上互动；构建张家口长城文化独特 IP，通过直播、微博话题、短视频等平台，提高张家口长城文化曝光度；进行线上营销，开展各种线上线下相结合的体验活动；利用大数据精准把握游客对民族文化、养生文化等不同文化类型的需求偏好，设计不同的旅游产品，并进行精准广告推送；发展智慧服务，构建数字化的文化展示与解说系统，如利用全息影像再现明清时期张家口的商贸往来与人口迁徙活动景象，提供长城历史与民族风情的人工智能讲解导览服务，等等。同时，运用好小程序、公众号、手机地图等软件或平台实现游客端的数字化服务，如建立大境门周边长城商贸核心区的商业场景关联，构建酒店、纪念品商店、餐饮店等商业实体的会员联盟；将草原天路、长城沿线等旅游风景道的观光场景内化到地图上以增强移动设备体验功能。

六、数字经济时代保定市长城文化产业带发展现状与发展策略

保定境内主要有中山长城、燕南长城及明长城，明代以前长城现存墙体约 225 公里，明长城现存墙体约 193 公里。保定境内长城因历史延续之长、建筑类型之多样、防御体系之严密，在河北古代长城中占极其重要的位置。尤其是在明代，保定作为京畿重地，长城的修筑更是达到了高峰。

（一）保定长城文化概况

1988 年，考古工作者在唐县唐河东岸发现一道石砌长城遗迹，以后数年又陆续在曲阳县、顺平县、涞源县发现相近的长城遗迹，经查证确定为战国中山长城。中山长城由涞源县黄土岭村起，沿唐河东岸大致呈南北走向延伸，最终止于唐县灌城村，已发现约 89 公里。此外，顺平县隘门口、曲阳县郑家庄王快水库北侧的山岭上也发现了长城遗存。长城沿线还发现 4 处城址、2 处屯戍遗址及 6 处烽燧遗址。中山长城以主干城墙为主体，另在一些险要的关口筑城或筑墙扼守，

墙体为石砌或土石混砌，残宽 1～2.5 米，残高 0.4～3 米。

保定境内明代之前的长城遗存，除了中山长城，还有沿南易水河而建的燕南长城，又称“易水长城”。保定境内的燕南长城长约 136 公里，起于易县西南 30 公里的太和庄西侧的狼窝尖山，沿南易水河北岸延伸，进入徐水后继续沿瀑河（南易水河下游）北岸东行至遂城西。长城跨瀑河，向东经徐水城区入容城、安新，沿白洋淀北堤转北、转东而行。进入雄县后跨越大清河，沿河北岸进入廊坊市文安县。燕南长城的墙体有土石混砌和黄土夯筑两种形制，基宽 4～15 米，顶宽 1～4 米，存高 1～6.3 米。许多地段利用古代堤防为墙体，兼具防水、防御双重功能，这也体现了古人的智慧。

保定境内现存的主要是明代长城，是明王朝北方防御体系的第三道防线，是“大边”“二边”之后的“内边”，属于内长城，构成守卫京城的最后一道防线。保定境内明长城墙体总长约 193 公里，关城 26 座、敌台 344 座、烽火台 131 座，著名关隘有紫荆关、倒马关和龙泉关，其中紫荆关保存最为完整，居庸关、紫荆关、倒马关是长城著名的“内三关”。

（二）数字经济时代保定长城文化产业带发展状况

近年来，保定市积极实施古长城抢险保护工程，通过抢险加固和现状保护等修缮手段，解除了自然及人为因素对长城文物本体的一部分伤害，最大限度地保留了长城自然、古朴的整体风貌。2016 年 1 月，保定市政府发布《关于做好全市区域内长城保护利用工作的通知》。2019 年 7 月，保定市人大常委会召开长城保护地方立法立项论证会。2020 年，保定市出台了《保定市长城保护条例》，以立法的形式保护境内的古长城。保定市立足于长城保护的工作现状，不断深入了解长城保护工作中存在的现实困难以及旅游利用的价值和开发现状，做好基础调研工作，在制度设计上充分体现加强保护文物、合理适度开发、做好文化载体建设的基本原则。同时，保定市加强长城文化研究，通过立法和宣传等多种形式展示长城所承载的伟大精神和爱国情怀。

2021年保定市启动“数字保定”建设项目，召开了一系列助力数字经济发展的会议，注重理论与实践相结合，聘请专家进行授课培训，明确“1499”工作目标，出台《数字保定建设发展“十四五”规划》《支持数据服务产业发展若干措施》等政策，成立数字化监管平台，吸引京东、华为、百度、字节跳动等高端数据服务企业落户保定。作为河北省数字经济发展的前沿阵地，保定在区域、人才、产业结构等方面具有先天的优势，是河北省数字化建设重点区域。保定市已聚集了数据采集、加工、储存、分析、运用等完整产业链的头部企业，形成了良好的数字产业生态，数字技术已渗透到保定的各行各业，各大产业都处于数字化转型中，这为保定市长城保护奠定了基础。在数字经济时代，保定市长城文化产业表现出以下特点：

1. 长城资源分布广泛，涉及年代较多

保定境内的长城主要分布于市域的西部区域，包括涞水、易县、涞源、唐县、阜平、曲阳、顺平、徐水等地，现存最早的古长城主要是战国时代的中山国长城，时间稍后的是战国时代的燕国长城（燕南长城），最后是明代长城。放眼全国，论各地长城历史之悠久，修建于公元前369年的中山国长城排在第三位。中山国长城在保定境内存有49.5公里，主要分布于唐县（约31.5公里）、顺平（约16.5公里）、涞源、曲阳等地。燕国修了北长城和南长城，燕南长城也称易水长城，修建于公元前334年。燕南长城在现保定辖区内分布于易县

（约 20.5 公里）和徐水区（38.9 公里）。保定境内涞源的明代长城则修建于 1573 年至 1584 年。保定境内明长城从东北到西南，经过涞水、易县、涞源、阜平、唐县。从中山长城到明长城，保定长城修建的历史跨度近 2000 年。

2. 长城资源类型丰富

保定是全中国乃至全世界唯一集合了山地长城、平原河堤长城、平原地下长城和水系长城的地区。中山长城和明长城基本布局在山地、丘陵。燕南长城主要布局在平原，是沿南易水河岸构筑的河堤长城。位于雄县、霸州、文安、永清境内，修建于北宋“雍熙北伐”后，用于抗辽的边关地下战道被称为“地下长城”。地道分布区域东西长 65 公里，南北长 65 公里，总面积达 4225 平方公里。几乎在修建地下战道的同期，北宋于 987 年开始修筑水系长城，西起保州西塘泊（今府河、清苑河），东至沧州泥沽海口（今天津军粮城泥沽村），全长近千里。绵亘 7 座军州的水长城范围包括保州（今保定）、雄州（今雄安新区部分）、霸州、瀛洲（今河间）、莫州（今任丘北）、沧州、定州。水长城沿途汇集了河流 19 条、淀泊 30 个。其全线分为了 8 个区段，设置堡垒 26 座、军铺 125 个。

3. 长城资源开发程度低

保定长城的开发程度较低，开发和建设相比其他景点较差，但保定境内的战国长城、明长城均保持了原生态的自然古朴风貌，是目前全国少数没有经历过当代人工修缮再建的长城。尤其是乌龙沟—浮图峪段长城保存完好度全国少见。涞源县 120 公里明长城全线均被列为全国重点文物保护单位，这在全国是唯一。保定是目前拥有优质长城文化资源却没有开发长城旅游景区的地区，对长城资源侧重于保护。保定长城周边地区以村镇为主，因此在长城文化资源开发过程中也经常与乡村振兴相融合进行开发。

（三）数字经济时代保定长城文化产业带发展机遇与挑战

1. 机遇

2019 年 12 月，国家出台并印发《长城、大运河、长征国家文化公园建设方案》，该方案明确将长城国家文化公园河北段纳入建设范围。并且，河北省委、省政府将保定部分段长城列入第二批长城国家文化公园建设内容。保定市将中央的精神与本地实际相结合，在中央明确的保护传承、研究发掘、环境配套、文旅融合、数字再现五大工程基础上，因地制宜、因时制宜地加强保定段长城国家文化公园建设并注重体现鲜明的保定特色和特征，提升保定段长城特殊的魅力、影响力和感召力，提高入园群众、游客对保定长城文化的领受力、传播力。

2. 挑战

保定长城旅游尚未起步，长城文化资源发掘和宣传不足，保定段长城知名度不高，并且全国长城在沿线已辟有八达岭、山海关、嘉峪关、居庸关、金山岭、司马台、慕田峪、九门口、黄崖关、雁门关、镇北台、玉门关等 90 多个景区、景点，已在山海关、八达岭、居庸关、黄崖关、嘉峪关等地建设长城博物馆，并规划在金山岭、大境门、崇礼等地新建长城主题文化博物馆。因此，居后发者位置的保定长城文化景区建设，在资源整合、功能定位、主打产品、文博场馆、旅游线路、衍生文创、表达形式等方面的创新开发任务非常艰巨。

（四）数字经济时代保定长城文化产业带发展策略

1. 长城＋互联网＋乡村振兴

保定长城沿线乡村数量多，产业需求大，因此可因地制宜将长城、互联网与乡村振兴联合发展。具体措施为：利用微信、微博等社交平台对长城文化进行宣传，开展一系列与长城有关的活动，如“徒步长城打卡”“最美长城风景照”等，提升保定长城知名度。保定长城知名度达到一定的程度后，可利用互联网开展多项活动，如直播助农、线上提供工作岗位等；同时也可进行美丽乡村直播活动，既助力乡村振兴，又宣传保定长城文化。利用长城＋互联网＋乡村振兴的方式扩大宣传，创新发展模式，有利于保定长城文化的进一步开发与利用。

2. 培养复合型人才

保定长城之所以知名度低，是因为长城的发展以保护为主，未进行开发。要想做到开发与保护并行，需要大量的复合型人才支持，这要求人才掌握文化古迹保护知识以及旅游开发能力。除此之外，新兴技术人才也不可或缺。数字经济时代，通过高科技手段对长城文化进行保护与开发，可以减少对长城的破坏。因此，复合型人才的培养至关重要。人才培养可通过对现有人才的培训实现。保定高校众多，拥有丰富的人才资源，保定市应与高校合作，培育相关人才。同时，应提升现有人才待遇，制订人才优惠政策，防止人才流失的同时吸引人才入驻保定。

3. 利用大数据找准特色，实现个性化发展

资源开发同质化是长城资源开发的共性问题，保定市应当借助大数据深挖保定长城文化独特内涵，进行个性化开发。具体措施有二：

一为建立保定长城文化资源数据库，利用大数据进行分类、编码、分析，找出保定长城文化的独特内涵，提高长城旅游产品的市场竞争力。二为与各大线上平台合作，如与“百度地图”“支付宝”等平台进行合作，获取用户旅游偏好信息，通过精准的数据分析来进行长城文化旅游路线的设计，实现个性化发展，提升保定长城文化竞争力。

第七章　数字经济时代河北省冰雪文化产业带发展现状与发展策略

2022年冬季奥运会由北京、张家口联合举办，这是我国第一次举办冬季奥运会，也是我国继北京奥运会、南京青奥会之后举办的又一次奥运赛事。纵观我国冰雪文化产业的发展，相比于国际上一些冰雪大国，如瑞士、奥地利等，我国冰雪文化产业起步较晚，仍有很多短板需要补齐。此外，河北省冰雪文化产业的发展相比于我国冰雪大省，如黑龙江、吉林、山东等，仍有一些差距。在这种情况下，承办2022年冬季奥运会，对河北省乃至全国而言，既是机遇也是挑战。

一、河北省冰雪文化产业概况

在2022年冬季奥运会积极筹备的过程中，我国冰雪产业发展迅速，冰雪运动“南展西扩东进”发展格局加速形成。其中，河北省借力张家口这一2022年冬季奥运会的联办城市冰雪产业发展，致力于推动全省冰雪文化产业的发展。至2017年底，河北省已建成滑雪场36家，依数量居全国第三，仅次于新疆（44家）和黑龙江（42家）。省内的冰雪旅游发展也取得阶段性进展，据冰雪产业蓝皮书统计，在2016年至2017年雪季期间，河北省滑雪出票人次约200.46万次。冰雪旅游的发展也带动冰雪产业链中其他产业发展，如滑雪装备、滑雪服等的研发制造。此外，蓝皮书指出，2017年我国冰雪产业总规模约为3976亿元，并且处于快速发展阶段。目前，全国冰雪产业呈现出十分迅猛的发展势头。

虽然河北省冰雪文化产业发展具有了一定的基础，但仍然存在一些不足和短板。2018年河北省人民政府办公厅印发的《河北省冰雪产业发展规划（2018—2025年）》中提到，河北省冰雪文化产业发展的短板在于："一是冰雪产业基础薄弱，产业链不完整，冰雪企业大多处于成长初期，滑雪产业收入主要来自于滑雪场地及设施、器材的出租及衍生的旅游业等。二是参与冰雪运动的群众普及率不高，远低于瑞士、奥地利等冰雪产业发达国家。三是冰雪场馆总量不足，大型综合场馆少，经营模式较为单一，综合服务设施滞后，服务和接待能力不足。四是场馆运营管理、装备研发制造、运动技能培训等冰雪人才短缺，从事冰雪人才培养的高等学校、科研机构少，人才供需矛盾突出。五是滑雪旅游产品趋同，大多以滑雪运动体验为主，休闲度假型旅游项目较少，四季旅游产品尚未形成体系。"①

如何使得冰雪文化产业起步较晚的中国成为"后起之秀"，后冬奥时代如何加快河北省乃至全国冰雪文化产业的发展，是现阶段需要考虑的主要问题。为找到答案，本章试图对河北省冰雪文化产业的发展历史进行梳理，追溯河北省冰雪文化产业的起源，从历史与现实的

---

① 《河北省人民政府办公厅关于印发〈河北省冰雪产业发展规划（2018—2025年）〉的通知》，http://info.hebei.gov.cn/eportal/ui?pageId=6778557&articleKey=6792805&columnId=329982，访问日期：2022年10月20日。

结合中摸索答案。

二、河北省冰雪文化产业带发展的历史沿革

冰雪产业是一类新兴的产业，是基于对冰雪资源的开发而形成的特殊资源型产业，涵盖装备制造、冰雪旅游、竞赛表演、运动培训、场馆服务和冰雪会展等多业态。“冰雪文化产业”是“冰雪产业”的下行概念，是指冰雪产业中与广义的“文化”相关的产业发展，如冰雪运动文化、冰雪旅游文化、冰雪装备的制造研发等与精神、物质相关的产业。

河北省冰雪文化产业的发展虽起步较晚，但是伴随着各大冰雪运动的举办而逐步发展，其发展历程大致分为三个时期：冬奥申请之前，即 2013 年之前，冰雪产业起步发展。这一时期主要是冰雪基础设施研发、冰雪运动人才储备时期，全力为冬奥申请做准备。冬奥申请历时两年有余，从 2013 年 6 月初至 2015 年 7 月底，这一时期，国家、河北省政府及相关部门出台了多项有利于冰雪产业发展的利好政策，河北省冰雪产业生根发芽。冬奥申请成功之后至今，河北省处于冰雪产业发展的第三个阶段。从 2015 年 8 月初至今，河北省乃至我国冰雪产业蓬勃发展，国家及地方除继续出台、实施利好政策以外，还加大了冰雪产业链的建设。“冰雪运动进校园”活动的开展，冰雪装备的研发制作，由内而外，无一不是全民参与、推动我国冰雪文化产业发展的体现。

（一）冰雪文化产业带发展起步阶段

在我国申办冬季奥运会之前，冰雪文化产业的发展重心在冰雪运

动文化上。中华人民共和国成立以后，中国冰雪运动文化的发展迎来了一个新的阶段，这在《申报》中也有所体现。学者谢振华在考察有着长达 77 年办报历史的《申报》中冰雪运动报道的历史意义时发现，“《申报》的冰雪运动报道向公众传达了‘冰雪运动’的概念，促进了‘冰雪运动’在上海的传播”。此外，谢振华还观察到，“《申报》冰雪运动报道还涉及到西方冰雪运动与中国本土冰雪运动的不同，从而揭示两者存在的文化环境的不同”①。这一时期，群众活动和竞技项目成为我国现代冰雪运动文化发展的重要依托。改革开放以后，我国体育事业迈入了新的发展阶段，我国现代冰雪运动文化的发展也呈现出了新的特点。② 我国现代冰雪运动文化以多样的群众活动和竞技项目作为其持续发展的重要载体，在不断发展的过程中，更为强调在促进人的全面发展方面的重要作用。随着社会的不断发展，我国现代冰雪运动文化以创新的形式与社会经济、文化、科技等领域展开了积极的互动。

具体到河北省，在冬奥申请之前，冰雪文化产业的发展首先集中在冰雪旅游业，其次是冰雪运动领域。2011 年 5 月 31 日，河北省政府召开第八十七次常务会议，审议并原则通过了《河北省现代服务业“十二五”发展规划实施意见》（冀政函〔2011〕88 号）。会议强调，要发挥优势、突出重点，积极培植现代服务业的增长点。其中，要大力发展旅游业，打响红色旅游、皇家旅游、海洋旅游、生态旅游、冰雪旅游五大品牌，力争到 2015 年全省旅游业总收入在 2010 年的基础

---

① 谢振华：《生成与指向：〈申报〉冰雪运动报道的历史考察与时代意义》，第十一届全国体育科学大会论文摘要汇编，2019，第 1402—1404 页。

② 孙葆丽、王月：《中国冰雪运动文化发展的历史回顾与未来展望》，第十一届全国体育科学大会论文摘要汇编，2019，第 1528—1530 页。

上翻一番。①

河北每个地区的自然环境不同，冰雪文化产业侧重点也就有所偏差。以2022年冬奥会的主办城市之一张家口为例，早在2006年，张家口市人民政府官网发布了《张家口市旅游局2006工作要点》。该文件强调，将塞北滑雪度假区、万龙滑雪场、长城岭滑雪场作为精品旅游景区建设。同年，张家口旅游体育局提出了“依托资源优势，打造崇礼滑雪品牌”的倡议，旨在优化旅游环境，扩大招商引资力度，完善旅游基础设施及相关配套设施建设。张家口在发展冰雪旅游的同时也注重冰雪运动的开展，为冬奥会做准备。2009年，万龙滑雪场以申办“冬运会”为主线，加大投资力度，加强项目建设，对滑雪场的各项工程进行全面升级，力争建成中国第一、亚洲前列、世界著名的国际冰雪运动基地和著名的旅游胜地，能够作为主要比赛场地满足“全冬会”的赛事需求。

石家庄市在冬奥申请之前也做了大量的准备工作，但由于石家庄市的冰雪资源相对张家口而言处于弱势，因此与张家口注重冰雪旅游不同，石家庄将主要精力投入到冰雪运动人才培养方面。在之后的冬奥申请与奥运筹办期间，石家庄为我国冰雪运动输送了大量的人才与师资。

（二）冰雪文化产业带发展阶段

2013年6月6日至2015年7月31日，在2022年冬季奥运会为期两年的申请期间，我国冰雪文化产业开始生根发芽。为了申办本届冬

---

① 《河北省人民政府关于印发河北省现代服务业“十二五”发展规划实施意见的通知》，http://www.hebei.gov.cn/hbszfxxgk/6806024/6807473/6807180/6825333/6825403/6832132/index.html，访问日期：2022年10月20日。

奥会，我国政府打造沿北京—张家口—延庆一线，分 3 个区域布局竞赛场馆和非竞赛场馆，建设 3 个相对聚集的场馆群。北京市区北部的奥林匹克中心区，主要承办冬奥会 5 个冰上项目；北京市区西北部的延庆区，用作雪车、雪橇大项和滑雪大项中的高山滑雪比赛场地；河北省张家口市，承办除雪车、雪橇大项和高山滑雪以外的所有雪上比赛。

张家口依靠自身的冰雪资源优势，成为此次奥运会的主办城市之一。在申奥期间，河北省发布了百余项文件，鼓励河北省内，尤其是张家口、石家庄、承德市的冰雪产业发展。张家口借助第二十四届冬奥会这一契机，致力于将自身打造成为京津的“后花园”。为统筹区域旅游资源，张家口编制完成了《张家口旅游发展总体规划》《张家口滑雪大区规划》《鸡鸣山驿一体化规划》和《张家口市中心城区旅游发展规划》等。在冰雪文化产业发展上，打造以崇礼密苑生态旅游度假区等为代表的滑雪温泉大区，将冰雪文化产业的发展重心倾向于旅游、运动、科技建设上。

2022 北京冬奥会申办成功，大大拉动张家口市旅游业的发展。通过申办冬奥会，让更多的人了解到了张家口，使其旅游业得到快速发展，第三产业得到快速提升。张家口旅游业尤其是冰雪旅游以“建设中国冰雪旅游城市”为目标，紧抓与北京联合申办 2022 年冬奥会机遇，加快推进景区交通、水利、电力、通信、环保等基础设施建设。此外，张家口用足用好京津冀协同发展和联合申办冬奥会的历史性机遇，大力推动旅游产业与文化、体育、休闲、养生产业的融合发展，推进张家口市由旅游资源大市向旅游产业强市转变，全力将张家口打造成中国冰雪旅游城市和中国优秀旅游目的地城市，全方位提升“大好河山张家口”旅游品牌和城市形象建设。

在冰雪运动方面，张家口市政府一直依靠自身冰雪资源优势鼓励全民参与冰雪运动。早在 2014 年，张家口便成功举办了国际滑雪节、冰雪嘉年华等活动；在 2015 年的发展规划中，张家口将首要任务设定为全力以赴争取申奥成功。为此制定的举措有大力发展冰雪旅游等。张家口将工作重心放到了“冰雪运动进校园、进公园、进万家”这一主要任务上，大力普及群众性冰雪体育运动，特别是吸引更多的青少年喜爱和参与冬季冰雪运动，从而推动申奥宣传持续升温，打造开放、文明的城市和人文形象，营造全民支持申奥、参与申奥的浓厚氛围。为进一步推动“冰雪运动进校园”活动，2015 年 1 月 6 日，张家口崇礼县滑冰场正式建成并投入运营。冰场特别向学生推出了半价优惠活动，同时建立了一支学生滑冰队，有专业的教练对其进行培训指导，培养学生滑冰乐趣，掀起冬季冰雪运动高潮。

早在 2014 年 5 月 15 日，河北省政府就发布了题为《张家口市全力推进科技项目建设》的文件。文件提到，截至 2014 年 5 月，张家口围绕全市产业发展，申报了张煤机磁驱动、河北伊诺拉曼技术成果转化、崇礼冰雪文化科技展厅建设等高新技术项目 20 余项。此外，张家口市科技局紧紧抓住申奥的重大历史机遇，充分发挥科技支撑引领作用，强力推进科技冬奥工作。主要有四个重要规划：“一是打造崇礼生态技术示范县。牢牢把握生态涵养保护支撑区的基本定位，努力打造生态技术示范县，力争列入省科技厅和科技部支撑计划。二是大力支持环保产业发展，促进更多科技成果在环保产业中转化应用。三是延伸冰雪产业链条。积极支持在张家口市建立冰雪运动装备制造企业，进行滑雪相关器具和服装的研发和生产，发展冰雪产业上下游及配套产业，延伸产业链条。四是建立冬奥会科研项目专项。在市级建立冬奥会科研项目专项，并争取国家、省支撑计划，全力支持冬奥会有关项目的技术研究与应用。”①

（三）冰雪文化产业带壮大阶段

自 2015 年 7 月 31 日申请举办冬季奥林匹克运动会成功以来，我国冰雪文化产业进入蓬勃发展阶段。国家、河北省及省内冰雪资源较好城市的相关部门都出台了一系列政策鼓励、扶持冰雪文化产业的发展，试图使其成为河北省经济新的增长点，为建设“经济强省、美丽河北”做贡献。

河北省人民政府、体育局、旅游局等机构依照各项国家政策，并且结合本省冰雪资源特色，出台了一系列推动省内冰雪文化产业发展的举措。《河北省冬季运动发展规划（2015—2022 年）》《河北省体育发展“十三五”规划》《关于支持冰雪运动和冰雪产业发展的实施意见（2017—2022 年）》《群众冬季运动推广普及计划（2016—2020 年）》《河北省冬季运动发展规划（2015—2022 年）》《河北省冰雪产业发展规划（2018—2025 年）》等，都为此次冬季奥运会的筹办以及冰雪文化产业的发展贡献了智慧与力量。

具体到河北省内，有着冰雪资源优势的地级市，如张家口、石家庄、承德，依据自身长处在筹办此次冬季奥运会的同时发展着自身的冰雪文化产业。

张家口市隶属于河北省，作为第二十四届冬奥会的主办城市之一，其冰雪文化产业的发展必然会带动整个河北省冰雪文化产业的发展。2016 年 5 月，张家口市人民政府印发《关于加快冰雪运动振兴发展的意见（2016—2022 年）》。该文件提出阶段性的四项目标——冰

① 《张家口市科技局：多措并举推进科技冬奥工作》，https://sports.qq.com/a/20140814/021544.htm，访问日期：2022 年 10 月 20 日。

雪场地设施更加完善、冰雪运动人口形成规模、冰雪运动人力资源丰富、冰雪体育产业快速发展。

2016 年 11 月，张家口市人民政府印发《关于第二届“大好河山·激情张家口”冰雪季活动方案》。该文件安排部署了 2016 年及 2017 年张家口主要冰雪竞赛活动，力图借活动营造与冬奥城市相匹配的冰雪运动文化氛围，为接下来冰雪文化的宣传奠定群众基础。2018 年 7 月，张家口市人民政府印发《张家口市冰雪产业发展规划（2018—2025 年）》。该文件通过分析国际、国内、张家口市的冰雪产业发展现状，提出当前阶段张家口市冰雪产业的五大发展目标与四大产业布局。总之，张家口以冰雪装备研发制造、冰雪体育运动、冰雪文化旅游、冰雪人才教育培训等为重点，因地制宜、详细具体地制定了本市冰雪产业发展规划。

石家庄市是河北省的省会城市，其强劲的文化产业发展势头为全省冰雪文化产业的发展奠定了良好的经济、技术以及人力资源基础。河北省人民政府办公厅 2018 年 5 月发布的《河北省冰雪产业发展规划（2018—2025 年）》中提出“2344”冰雪产业战略布局，指出将石家庄作为综合服务四大基地之一。石家庄市在全省冰雪产业发展布局中具有举足轻重的位置。自 2015 年 7 月 31 日北京联合张家口申办 2022 年冬奥会成功以来，石家庄陆续出台了许多与冰雪文化产业发展相关的政策。2016 年 12 月，石家庄市人民政府印发了《石家庄市全民健身实施计划（2016—2020 年）》；2018 年 3 月 13 日，河北省人民政府办公厅印发了《关于创新冰雪运动发展体制机制的实施意见》；同年 12 月 26 日，石家庄市人民政府办公厅印发了《石家庄市冰雪产业发展规划（2018—2025 年）》。从文件来看，石家庄冰雪文化产业发展的重点落在“冰”上。除发展冰雪运动、培养冰雪人才以及发展冰雪旅游、冰雪装备研发之外，石家庄还依据自身文化产业资源优势，提出创办“中国·石家庄冰雪（体育）产业博览会”、大力发展冰雪培训产业的目标。

承德市是河北省内著名的旅游城市，自 2015 年 7 月我国申请举办第二十四届冬季奥运会成功后，承德市便积极响应国家以及河北省的号召，为实现习近平总书记在申奥时提出的“三亿人上冰雪”的宏伟目标，制定了一系列发展该市冰雪运动以及冰雪文化产业的政策。在 2017 年 5 月，承德市人民政府发布了全国首个全市域创新型冰雪产业与冰雪体育旅游的专项规划，即《承德冰雪运动旅游产业区规划（2016—2025）》。承德市紧紧抓住 2022 年我国举办冬季奥运会的契机，依托自身的旅游产业优势发展冰雪产业；也依托各地区民俗文化优势，按照“旅游＋冰雪＋文化”的发展思路，打造一系列冰雪文化节、冰雪特色休闲区等具有自身特色的冰雪文化品牌。

三、数字经济时代河北省冰雪文化产业带发展现状

近年来，河北省越来越重视旅游业的发展，自 2016 年以来已连续举办多届河北省旅游产业发展大会。借助 2022 年我国举办冬季奥运会这一契机，河北省出台了多项政策助力冰雪旅游的发展。例如，2018 年 5 月 20 日，河北省人民政府印发《河北省冰雪产业发展规划（2018—2025 年）》。文件表示，要贯彻落实习近平总书记“冰天雪地也是金山银山”的重要讲话精神，以筹办 2022 年冬奥会为契机，加快全省冰雪产业发展，推动冰雪产业强省建设。该文件指出，河北省冰雪旅游未来发展目标是，“到 2022 年冰雪旅游人次达到 4000 万（含场馆四季运营，下同），冰雪旅游总收入达到 1000 亿元；到 2025 年冰雪

旅游人次达到6000万，冰雪旅游总收入达到1200亿元”①。冰雪旅游成为河北省着力发展的产业，是河北省未来旅游业发展的新的增长点。

文化是一个民族的命脉，是一个国家深层次的思想，中华文化源远流长。河北省作为我国一大强省，具有悠久的历史文化底蕴，其中冰雪资源良好的张家口、石家庄、承德等地历史悠久，文化底蕴尤其深厚。现如今，旅游文化已经成为旅游业的核心思想，冰雪旅游也应注重冰雪文化的发扬光大。

据了解，河北省具有冰雪旅游设施的滑雪场有30多家，并且每年都有雪场举办冰雪节。例如，万龙滑雪场所在的崇礼区举办的“崇礼滑雪节”，石家庄清凉山滑雪场举办的“清凉山冰雪旅游文化节”，秦皇古道滑雪场举办的“冬季滑雪节”，等等。每个雪场滑雪节的举办都以当地的文化特色为主，突出自身历史文化优势。

但是纵观河北省冰雪节发展现状可以看出，其仍然存在冰雪文化特色不鲜明、未能形成冰雪文化品牌效应以及文化旅游产品集聚效应不显著等问题，这一点需要借鉴外省及国外的经验。河北省应在将冰雪文化与本地特色文化相结合的基础上，挖掘燕赵文化中与冰雪旅游相关的资源，如传统节日、象征服饰等资源，进一步凸显河北省冰雪旅游的差异性，以求满足游客不同层次的需求。

2009年7月22日，国务院常务会议通过了《文化产业振兴规划》，这是继纺织、轻工等规划之后的第十一大产业振兴规划。该文件指出，国家将重点推进的文化产业之一，即文化会展。河北省在冰

---

① 《河北省人民政府办公厅关于印发〈河北省冰雪产业发展规划（2018—2025年）〉的通知》，http://info.hebei.gov.cn/eportal/ui?pageId=6778557&articleKey=6792805&columnId=329982，访问日期：2022年10月20日。

雪文化会展的举办上也持续发力。

河北省张家口市的崇礼冰雪文化博物馆是河北省规模最大的冰雪类博物馆。2022 年，冬季奥运会的举办让张家口崇礼走进人们的视野，崇礼冰雪文化博物馆位于崇礼主城区城市中心广场，建筑面积约 6000 平方米，分为地上、地下两层。博物馆展览内容共分为五个部分，分别是世界冰雪运动起源、世界近代滑雪纵览、中国近代滑雪纵览、崇礼滑雪发展历程和滑雪体验区。崇礼冰雪文化博物馆综合提炼山脉、冰川和雪的主要元素，以冰雪文化为载体，突出表现崇礼冰雪文化产业综合发展取得的成果，是崇礼冰雪文化浓缩的纪念册。游客通过参观崇礼冰雪文化博物馆，可以了解崇礼冰雪文化的历史沿革并感受崇礼深厚的冰雪文化底蕴。

我国相比于其他冰雪大国，冰雪文化博物馆的建设尚处于起步阶段，河北省冰雪文化博物馆也仅仅有崇礼一处。“一枝独秀不是春，百花齐放春满园。”如何形成具有一定规模的冰雪文化博物馆体系，对于我国以及河北省而言任重而道远。冰雪文化博物馆是向世界展示中国、展示河北省冰雪文化特色的重要窗口，我们应该抓住 2022 年北京冬奥会这一历史契机，建设国际一流水平的冰雪文化博物馆。

河北省在冰雪文化博览会的建设方面也资历较浅，目前为止，河北省还没有举办过以“冰雪文化”为主题的博览会。冰雪文化博览会相比于冰雪文化博物馆而言，规模更加庞大，内容更加广泛，是展出者和参观者众多的展览会。在这方面，我们可以借鉴哈尔滨连续举办 26 届的“哈尔滨冰灯艺术博览会”。哈尔滨冰灯艺术博览会自 1963 年创办，是目前世界上形成时间最早、规模最大，并已成为传统项目的大型室外冰灯艺术博览会，也是哈尔滨冰雪旅游的一大特色。河北省可以在借鉴哈尔滨冰灯艺术博览会的基础上，打造有着自身文化特色的冰雪文化博览会。例如，河北张家口可以将全市的物质与非物质文化遗产中与冰雪相关的文化素材收集起来，以张家口的“滑雪”特色为主题，举办室外冰雪文化博览会。

(一) 冰雪+旅游

2020 年我国全面建成小康社会，随着人们生活水平的提高，健身、娱乐、休闲成为人们生活的重要组成部分，旅游成为人们日常放松的主要方式。依据马斯洛的需求层次论，当人们能够解决温饱问题时，会更加追求精神层面的享受。

2022 年我国成功举办冬季奥运会，这为河北省发展冰雪旅游带来新的机遇。正如上文所言，国家、地方相继出台了众多政策加速冰雪文化产业的发展，其中不乏支持冰雪旅游的政策性文件。例如，2016 年河北省发布的《河北省旅游业“十三五”发展规划》，提倡大力发展休闲度假旅游产品，改善旅游产业设施，加快培育冰雪游、长城游等旅游产品。

旅游业是河北省近年来重点培育的服务类项目，冰雪旅游是河北省旅游业发展的重要增长点。自 2016 年至今，河北省连续举办了 4 届“旅游发展大会”（下文简称“旅发大会”），均重点强调了要加快全省冰雪旅游业的发展，促进全民冰雪运动的开发，展现“经济强省、美丽河北”的形象，为全省经济发展做贡献。

河北省的冰雪产业不断加大投入力度，冰雪游客数量也在逐年增加，产业设施及冰雪文化内涵也在不断拓展。河北省冰雪旅游产业以保证冬季旅游发展为必要条件，涉及衣、食、住、行、购、游多个方面。2015 年，我国获得 2022 年冬季奥运会举办权，这无疑给河北省冰雪旅游产业的发展带来了巨大的契机。

通过调查我们还发现，自 2015 年我国获得第二十四届冬季奥运会举办权以来，我国致力于研究国际顶尖水平的冰雪装备及设施零件制造，但苦于我国冰雪产研起步较晚，与发达国家相比仍然存在较大差距。目前，我国一些顶级造雪机、压雪机等专业冰雪装备仍然依靠国外进口补给，自主研发能力较弱。

另外，我们在实地调研中发现，河北省冰雪场地的娱乐设施设备有马场、滑雪场、雪地摩托、温泉等，虽然每年雪场创收较为乐观，但是仍然存在产业单一的问题。雪场周边的餐厅、电影院等场所虽有零星分布，但是仍然存在休息区域信息网络不畅、餐饮经营能力不足等情况。同时，冰雪度假村、民宿的建设也任重而道远。这些问题严重影响了游客的体验感，既不利于形成完整的冰雪产业链，也不利于河北省整体冰雪文化产业的发展。

河北省冰雪旅游产业虽然有以上不足，但是我们在调研中发现，场地的服务人员以及教练员态度亲和，一系列服务游客的保护设施相对完善，体现了河北省冰雪旅游产业中人力资源管理方面的优势。

（二）冰雪＋体育装备研发

任何产业想要发展壮大都不能只依靠自身的发展，冰雪文化产业的发展也是如此，不仅需要政策的扶持与冰雪旅游业的发展，还需要相关产业链的融合发展，如体育装备制造业等相关产业与冰雪文化产业的融合。北京携手张家口举办 2022 年冬奥会，为冰雪装备制造产业带来重大发展机遇。

河北省张家口市作为 2022 年冬季奥运会的联办城市，抓住冬奥会这一历史机遇，加紧推进冰雪装备产业招商引资。我们在实地调研中发现，张家口市谋划建设五大冰雪产业园，计划重点打造总面积 211

万平方米的冰雪运动装备产业园，引进 50～80 家冰雪装备制造企业，包括造雪机、压雪车、索道等重装备企业，以及滑雪服、滑雪鞋等轻装备企业。

但是，由于我国冰雪装备制造业发展较晚，许多专业性的体育装备现在依然依靠从国外进口。张家口万龙滑雪场的宣传片显示，该滑雪场新增的造雪机、滑雪车等专业性体育装备，大多依靠从美国、日本冰雪体育企业进口。再如，在雪服、雪鞋、雪板等轻装备的制造上，虽然本土装备有了较大的进步，但是外国品牌仍然是滑雪爱好者的首选。想克服这些困难，河北省乃至我国都有很长的路要走。

（三）冰雪＋教育培训

河北省冰雪文化产业的发展与人才建设息息相关。在日本、加拿大等国，无论是国家政策还是地方性政策都把冰雪人才的培养放在显要位置，这一做法值得我们学习和借鉴。

近年来，随着 2022 年冬季奥运会影响的升温，冰雪人才培养也成为国家、地方关注的重点方面。目前我国冰雪产业发展的现状是，冰雪场地比教练多，以花样滑冰为例，全国专业队运动员退役后从事教练工作的大概就是 200 多人，而全国的滑冰场远大于 200 个。依靠运动员退役和转型，根本无法满足冰雪产业快速发展的市场需求。人才是支撑冰雪庞大产业链的关键。① 河北省冰雪文化产业发展立足于这一现状，近几年在冰雪人才的教育培训上持续发力。冰雪人才培训主要分为群众性冰雪运动人才培训和竞技性赛事人才培训。

---

① 高亓健子：《供需视角下黑龙江省冰雪产业发展的政策研究》，硕士学位论文，哈尔滨商业大学，2017。

1. 群众性冰雪运动培训

习近平总书记在2015年申办冬季奥运会时提出“三亿人上冰雪”的宏伟目标，在接下来的几年中，我国各个省份围绕这一目标出台了很多具有建设性的政府文件。河北省作为2022年冬季奥运会的联办省份，出台相关政策自不待言。例如，2018年3月，河北省印发的《关于创新冰雪运动发展体制机制的实施意见》（以下简称《实施意见》）中提到，要广泛开展群众冰雪运动，以期在2022年省内参与冰雪运动人次达到3000万以上，稳步提升冰雪运动人才规模，计划在2022年冰雪运动竞技人才达到1200名，冰雪运动普及人才16 000名以上。

优秀人才的培训是冰雪运动开展的基础，河北省提出的助力群众冰雪运动发展的多项举措，第一项便是对冰雪运动教练员的培训。河北省在上述《实施意见》中指出，要“大力实施教练员‘省培计划’。2022年前重点选拔培养50名省专业运动队优秀教练员、200名业余训练优秀教练员，使之成为具有国际视野、创新思维和较强理论和实践经验的领军型教练员。邀请国内外高水平训练专家对我省教练员进行培训，分期分批选派教练员出国出省研修、参加国内外大赛观摩”①。

此外，河北省着力发展冰雪运动后备力量。通过举办形式多样的青少年冬季项目训练营、冬季阳光体育大会等，储备冰雪运动后备人才。2018年，河北省体育局印发《河北省群众冬季运动推广普及计划（2018—2022年）》。根据计划，河北省将重点加强青少年冰雪活动普及，特别是开展冰雪运动进校园活动，在有条件的地区将冰雪运动纳入学校体育课教学内容。为响应省体育局的号召，河北多所高校举办冰雪活动，燕山大学、河北师范大学、河北大学等院校先后举办“首

---

① 《河北省印发〈关于创新冰雪运动发展体制机制的实施意见〉》，https://kjt.hebei.gov.cn/www/xwzx15/hbkjdt64/142430/index.html，访问日期：2022年10月20日。

届冰雪运动会”，学生参与率60%以上。

除学生以外，鼓励其他群众参与以及开展冰雪运动所需的基础设施建设也是河北省为促进冰雪运动发展所做工作的重点。为此，河北省积极发展壮大冰雪体育社会组织，张家口、承德50%以上的县（市、区）成立冰雪项目协会，50%以上的社区建有季节性冰雪体育健身站（点），30%以上的乡镇（街道）建有冰雪体育组织。并且，河北省支持各级社会组织统筹协调冰雪场馆经营单位和运动俱乐部资源，创建更多自主品牌赛事活动；鼓励各企事业单位为职工参与冬季运动健身创造条件，提倡各企事业单位工会经费用于职工冬季运动健身消费。到2022年，河北省具有举办滑雪娱乐项目条件的滑雪场有30多家，为培养群众的冰雪爱好提供安全场地，每年都吸引大量的冰雪运动爱好者前来游玩。

2. 竞技性赛事培训

2022年我国举办第二十四届冬季奥林匹克运动会，在奥运会的所有竞技项目中，共设有7个大项、15个分项、109个小项。其中，北京承办所有冰上项目，延庆和张家口承办所有的雪上项目。在此之前，纵观我国参加历届冬季奥运会的历史，共获得13枚金牌，这些奖牌的获得无一不是来自教练员和运动员的共同努力。但是，横向来看，我国运动员的整体竞赛水平相比于美国、日本等国有一定的差距；我国近几年的冬奥会排名在十几名徘徊，冬奥项目的参赛率约为50%，仅仅能够参加一半的冬奥运动项目，优势项目较少且冰上、雪上项目发展不平衡。为此，我国借举办2022年冬季奥运会这一东风，将竞技型人才培养、赛事培训放在冰雪运动发展重要位置。河北省作为冬季奥运会的联办省份，也积极响应国家号召，积极培养冰雪竞技类人才及开展竞技性赛事培训。

我国冰雪竞技性赛事高水平专业教练员人数少、处于供不应求的状态。我国国家级的教练员多为专业运动员退役后所担任，通过专业培训、直接上岗的教练员人数少、水平低。在实地调研中发现，河北省专业指导员的学历多为大专、高中及以下的学历，持有上岗证的初级技术指导人员也多为当地人，并不是专业的冰雪竞技性赛事教练，教练员的水平参差不齐，难以培养出专业的运动员。针对目前教练员短缺的形势，河北省颁布了一系列政策，致力于培养高水平的指导员和运动员。在上述河北省出台的《实施意见》中指出，要“大力引进国际顶级教练，确保每支重点项目队伍有高水平教练员和保障团队”。

此外，专业运动队的建设也不容忽视。河北省在雪资源优厚的基础上，重点培养滑雪竞技类运动的专业运动员。上述《实施意见》中指出，河北省要优先发展自由式滑雪空中技巧、单板滑雪 U 型场地、单板滑雪大跳台、单板滑雪坡面障碍技巧、自由式滑雪坡面障碍技巧、速度滑冰等项目队伍，使专业运动员编制在 250 人左右。此外，各市（含定州、辛集市）要重点发展一支符合本地实际的优势运动项目队伍，成为省专业队建设的有益补充。

除专业的教练员和运动员以外，竞技类冰雪赛事的开展也需要专业的冰雪场地管理员。雪场企业对从业人员学历、专业技术缺少统一的规范要求，仅限于上岗工作，即便一些大型的冰雪场地也很少聘请国内外专业权威的冰雪管理人员来为冰雪企业的相关经营管理者传授最先进的经营管理理念，同样也很少有把相关人员定期送往国外学习最新冰雪产业的经营和管理技术。① 这些问题都需要解决。

此外，冰雪竞技性赛事培训自然不能缺少专业的冰雪赛事播报

① 任帅：《河北省冰雪旅游特色品牌构建研究》，硕士学位论文，吉林体育学院，2016。

员、解说员培训，为此河北省内各个高校的播音主持专业致力于培养此类人才。以河北省保定市河北大学为例，为更好地服务于2022年北京冬奥会工作，河北大学新闻传播学院于2018年7月开始筹备“冬奥体育解说通道班”，并在2019年9月18日派出第一批赴芬兰学习的同学。该校播音系主任介绍，该批学生回国之后的任务就是传播冰雪项目解说的火种，以促进学校、省份乃至国家在冰雪项目解说上有一个新的提高。

（四）冰雪＋自然优势

河北省在促进冰雪文化产业的发展过程中，以现有的冰雪资源为基础和核心，积极推动冰雪文化产业的结构升级与优化。从冰雪文化产业的实际发展情况来看，冰雪资源与该地特有的自然地形有一定的联系，雪季时长、空气质量、交通情况、消费人群以及政治环境情况也都会对冰雪文化的发展产生较大影响。从这一层面来看，河北省在冰雪资源方面虽不及东三省，但是也有自身的优势与特点。

河北省有着深厚的文化底蕴，是华夏文明的重要发祥地之一，是名副其实的文化资源大省。河北省张家口市作为2022年北京冬奥会的联办城市正说明了当地冰雪资源及历史文化的独特优势。

张家口市位于东经113°50′至116°30′，北纬39°30′至42°10′，地势西北高、东南低，阴山山脉横贯中部，这些特点决定了张家口市雪季时间较长，一般从每年的11月持续到次年的4月，累计降雪量超过1米。同时，这一自然地理优势为张家口滑雪场地的建设及营业时长规划创造优势。

较长的雪季为崇礼区的冰雪旅游创造了可观的收入，使冰雪旅游成为张家口市第三产业的重要支柱。据崇礼区文化广电和旅游局副局长介绍，2015 年至 2016 年雪季，崇礼接待滑雪游客 48 万人次。2018 年至 2019 年雪季，崇礼区七大滑雪场接待滑雪游客首次突破百万人次。雪季时间较长为张家口发展冰雪产业链提供了先天的优势条件。

四、数字经济时代河北省冰雪文化产业带发展策略

冰雪旅游与文化产业的融合是冰雪旅游产业创造性转化、创新性发展的必然路径，是冰雪旅游产业从规模化走向高质量化的重要环节。冰雪旅游与文化产业作为两种传统产业进行融合，不仅要充分了解两个产业的结构和内容，还要对产业中要素的融合度有一个清晰的判断。而通过云计算、大数据等方法对多方位、全链条的冰雪旅游与文化产业融合做出精细化的判断和处理，能够确定智慧化冰雪旅游模式。因此，数字经济时代的冰雪旅游与文化产业的融合必定是深层次的融合。

（一）以政策引导河北冰雪文化产业数字化发展

数字经济时代，要推进河北省冰雪旅游业高质量发展，需要通过政策引导和平台搭建，投入大量资金创办数字经济平台，促进河北省经济与冰雪旅游协同发展。应充分利用政府开放的数据，推动政府数据资产在旅游行业的共享、开放和增值。除平台企业外，在政务数据开发过程中，应吸引旅游企业、大学和科研机构共同从事政务数据开发。① 此外，还应利用数字技术统一旅游信息管理标准，提升信息资源共享水平，优化发展环境。

---

① 林晓婕：《数字化背景下旅游经济发展策略》，《农村经济与科技》2021 年第 18 期。

（二）增强产业支撑

发展壮大冰雪旅游产业，很重要的一点就是要做好“冰雪＋”文章，在冰雪场馆建设运营和冰雪装备研发制造上发力，为冰雪旅游产业发展提供有力支撑。一是要优化场馆和设施供给，在现有基础上适度新建、改建、扩建一批城市周边滑雪场，培育“周末滑雪游”“滑雪微旅游”等新型消费热点，加快开发室内滑雪场、4D冰雪体验馆等新型冰雪场馆，辐射带动冰雪旅游发展。二是要进一步加大对滑雪场建设运营的扶持力度。依托市场机制，大力吸引社会投资，同时加大财政支持，用于扶持滑雪场建设和配套设施完善。三是要积极引导机械制造、五金加工、服装生产等相关制造业企业进军冰雪产业链，并在政策、项目、资金等方面予以扶持。打造现代化冰雪产业园区、产业基地，以滑雪场基础设备和冰雪运动装备为重点做强产品，鼓励企业自主设计研发，创建和培育自主品牌，加强可穿戴式智能装备、多传感器数据融合、沉浸式数字仿真等新技术研发，着力破解冰雪装备国产化和高端化的技术难题。

（三）创造智能化市场运营模式

在互联网等技术高速发展的背景下，可通过构建冰雪旅游O2O（线上到线下）、OTA（在线旅游）的营销模式，形成包含冰雪旅游宣传、产品销售、终端服务的产业链。首先，可通过电视、广播、短视频APP等媒介对游客进行视频宣传，激发游客对冰雪旅游的向往。其次，可借助互联网实行线下旅行社的线上转移，借助线上旅行社进行产品宣传和销售，通过OTA模式为游客提供最优化的定制服务。最后，可将线下的冰雪旅游产品放在冰雪旅游服务网页上进行宣传，进行线上销售，实现线上消费与线下服务的结合。营销模式的结合可以为游客提供一站化的服务。通过冰雪旅游资源展示将游客引入 OTA，通过在 OTA 平台的定制服务把游客带入 O2O 的终端线下景区。通过将 O2O、OTA 的理念合理地引入冰雪文旅产业的营销理念当中，可实现景区与消费者的直接对接。

（四）升级智能终端服务系统

冰雪旅游产业网络化信息源缺乏集成性和相对性，游客难以得到所需的第一手信息。因而，首先，可以通过构建大型冰雪旅游咨询平台向游客提供信息咨询、产品投诉等服务，在与游客的信息互动中最大限度满足游客的需求。其次，可以开创冰雪社交 APP，为游客提供交流经验、分享心得的互动平台。再次，可以在滑雪场设立智能安全系统，记录游客的滑雪轨迹、速度等，为游客营造安全环境。最后，可以在景区内构建智能平台，使游客在景区内可以获得 MR 体验式导览、全景展示、免费 Wi-Fi 等服务。

（五）设计冰雪旅游文化产品

目前，河北省冰雪旅游创新能力相对不足，文化产品品种单一、缺乏地域独特性，冰雪旅游业的游客黏度低。为实现冰雪旅游产品的创新转型，其文化创意产品的设计应借助数字技术向构建文化 IP 的目标奋斗。一是要进行融合。与电视剧、动漫等制作公司合作，制作体现区域文化的影视作品。二是要开发冰雪旅游文化电子游戏。通过冰雪旅游文化游戏软件的开发，可以把冰雪旅游文化播种到目标客户心中。三是要举办冰雪旅游节庆活动。通过节庆活动与冰雪旅游的融合彰显地区文化主题。四是要开发冰雪旅游文化纪念品。游客消费的不仅是纪念品的手工价值，还包括区域的独特文化价值。所以，在冰雪旅游文化产品创新开发过程中，需融入本土化元素。

（六）改进冰雪文旅企业管理模式

数字经济时代，河北省促进冰雪文旅产业发展，应聚力改进冰雪文旅企业管理模式。一是通过建设电子商务平台，实现管理扁平化，搭建游客、旅游企业、景区景点无障碍的连接通道。以此为基础，可促使企业结合市场中的竞争因素、外溢因素以及环境因素开发多元化的冰雪旅游产品。二是建设冰雪旅游综合管理平台，实现管理数字化。通过数字化管理，对游客的消费动机与偏好进行分析，为面向游客的信息推送提供依据，游客也可以反向对冰雪旅游服务进行监管。三是建设冰雪文旅产业的大数据中心，挖掘各类旅游数据，对数据进行分类加工处理，存入相关数据库中，使企业可以综合利用数据信息提升服务质量。四是引入绩效管理制度，设立竞争机制。定期汇总企业的绩效评估结果，进行合理的奖惩。

第八章　数字经济时代河北省燕山—太行山文化产业带发展现状与发展策略

燕山—太行山片区地处华北沟通西北、东北的交通要地，京包、京原、大秦等重要铁路和京昆、京藏、荣乌等国家高速公路贯穿其中，普通国、省干线公路基础设施日益完善，交通运输体系相对完整，有利于旅游产业的发展。燕山—太行山地区是华北平原和京津的重要生态屏障区，有森林、山峰、沟壑、湿地等低碳生态景观类型资源，生态旅游资源丰富。另外，燕山—太行山在历史上长期为宗教文化、北方游牧文化和中原农耕文化交融和碰撞的地带，具备深厚的文化底蕴。同时，又有众多文物古迹，因此发展文化旅游的潜力巨大。

站在数字经济时代的“风口”，燕山—太行山地区文化产业的发展仍面临着顶层设计有待优化、消费者习惯有待转变、内容生产质量有待提升、品牌传播有待加强等诸多挑战。由燕山—太行山地区旅游业发展现状可以发现，其暴露出规划指引作用未发挥、旅游公共服务与基础设施体系建设不足、开发水平不高、旅游核心吸引力不足、旅游体制机制改革创新还有待深入等一系列问题，因此还需要加快补短板，从而推动燕山—太行山地区旅游业高质量可持续发展。

一、数字经济时代燕山—太行山文化产业带发展状况

燕山—太行山地区生态与文化等旅游资源丰富，河北省欲将其建设成为全省乡村振兴产业示范带。2016 年，河北省人民政府办公厅印发的《关于加快燕山—太行山地区旅游业发展的意见》指出：燕山—太行山地区要建设“快旅慢游”交通体系，丰富休闲度假旅游产品供给，加快推进地区旅游业发展，打造国内知名的休闲度假旅游目的地。随着京津冀协同发展、雄安新区建设等重大国家战略的实施，燕山—太行山旅游业获得难得的发展机遇。经过多年发展，燕山—太行山旅游业在多措并举、奋力推进的背景下取得了积极成效。

习近平总书记强调，脱贫攻坚取得胜利后，要坚决守住脱贫攻坚成果。燕山—太行山片区原属全国 14 个集中连片特困地区之一，当前片区所有贫困人口已全部脱贫。值得注意的是，与其他地区相比，该地区经济发展仍处于薄弱水平，旅游业发展也还有很多不足，因此要继续充分发挥片区生态景观优美、历史文化资源丰富、特色农业发展空间大等优势，优化农体文旅产业布局，推动产业融合发展、高质量发展，这对巩固拓展脱贫攻坚成果、加快农业农村现代化建设具有重要意义。

近年来，数字经济上升为国家战略，逐渐成为经济发展的新引擎，在旅游业中也发挥着十分重要的作用。数字文旅政策扶持、数字文旅消费升级、数字文旅供给增长、数字经济创新驱动等，推动着数字技术与文旅产业的深度融合。纵观燕山—太行山地区的发展情况，深入分析其资源开发现状可知，燕山—太行山旅游业高质量发展步伐逐步稳健，优质旅游供给持续增加，乡村振兴成效显著，旅游发展环

境大幅改善。其中，数字经济带来的红利可见一斑。在新冠疫情对线下旅游消费造成巨大冲击的背景下，燕山—太行山片区将现代信息技术应用于旅游产业的各个环节，拉动了线上文化旅游业态的发展，形成了线下、线上两条线蓬勃发展的局面。本章选取燕山—太行山数字经济+旅游产业发展的3个典型案例，具体介绍各个地区的文化产业发展情况，以期对同类地区在数字经济背景下开展文化旅游工作提供一定的参考。

二、数字技术推动文化创新融入乡村旅游——以曲阳县西沙湾村规划设计为例

西沙湾村位于河北省保定市曲阳县西北部，是我国第二阶梯东缘"太行山"典型的山区村。西沙湾村东南距曲阳县城直线距离约31公里，紧邻王快水库，可谓"依山傍水"，拥有得天独厚的自然旅游资源。除此之外，独特的历史文化为西沙湾村旅游资源增添了人文气息。本案例基于乡村振兴的视角，将文化创新与乡村旅游相结合，借助实地考察的方法，研究了河北省曲阳县西沙湾村乡村旅游的开发模式与专项规划设计方案，以期为其他乡村实现振兴和可持续发展提供范例参考。

（一）西沙湾村概况

1. 交通便利

外出旅游时，出行距离是游客选择目的地的重要考虑因素。休假天数较短的节假日或者双休日，民众更倾向于选择短途旅行，因此良好的地理区位条件是吸引游客的基础因素。充分利用区位条件的优

势，可以促进地区文旅经济发展。

俗话说："要想富，先修路。"西沙湾村位于河北省保定市曲阳县，地处快速发展的大北京经济圈的辐射范围之内，交通线路四通八达。该村距保定市 91 公里，距省会石家庄 79 公里，距首都北京 210 公里，距天津 241 公里。京昆、保阜高速公路在曲阳境内交会互通，良好的地理区位条件和发达的交通设施为曲阳县发展乡村旅游提供了便利。

2. 自然资源丰富

优质的山水自然资源是曲阳县振兴经济、建设美丽乡村的一张"王牌"。西沙湾村地处华北平原西北部、太行山脉东麓，拥有广袤的山场资源，生态环境原汁原味。夏季，山内气候湿润，空气新鲜纯净，有利于山水观光以及林果业的发展。另外，西沙湾村紧邻王快水库、西大洋水库和十几座中小型水库，有利于发展水产养殖业、垂钓等休闲项目。优质的山水资源造就了优美的生态环境，成为西沙湾村发展乡村旅游业不可多得的自然资源。

3. 文化资源丰富

西沙湾村所在的曲阳县是河北省历史最悠久的县之一，虽然位于太行山—燕山片区内，第一、第二产业发展落后，但文化体系别具一格。曲阳县素有中国"雕刻之乡"的美誉，拥有世界级雕刻大师 3 名，省级以上雕刻大师 100 余名，雕刻企业摊点 2260 个，从业人员 24 000 余人，产品远销 80 多个国家和地区，形成了开采、设计、加工、销售、运输、安装一体化的产业体系。

曲阳雕刻门类、种类丰富，已经从单纯的石雕拓展到木雕、牙雕、玉雕、铜雕、不锈钢雕等领域。此外，雕刻技法日臻精进，圆雕、透雕、镂雕、浮雕等不一而足。雕刻产品种类繁多，既有传统古建筑饰品，又有现代人物雕像；既有园林雕塑，又有家庭装饰。1995年，国务院正式命名曲阳县为“中国雕刻之乡”。

曲阳是著名的宋代五大名窑（汝窑、钧窑、官窑、哥窑、定窑）之一定窑所在地。定窑的瓷器以白瓷胎质洁白细腻、釉色匀净、薄而坚硬名列白瓷之冠。

丰富的文化资源为曲阳西沙湾村发展乡村旅游奠定了基础。

（二）西沙湾村建设规划目标

为积极响应国家美丽乡村建设的号召，河北大学文化创意产业研究中心项目团队从曲阳县实际情况出发具体问题具体分析，将文化创新与乡村旅游有机融合，为西沙湾村制定了发展规划目标，助力曲阳西沙湾村以及周边区域的经济发展。

规划主要分为三个方面：第一，探索乡村生态环境保护新方式。依托优质的山水生态环境，打造写生摄影基地，发展乡村体验式生态旅游，保护乡村生态环境的同时，带动乡村及周边区域的经济发展。第二，探索新型农村空间改造形式。以小规模渐进的改造模式，将村内闲置屋舍改造成特色民宿，打造乡村民宿品牌。第三，探索美丽文化乡村发展模式，以文化发展带动产业经济发展。

（三）数字经济时代西沙湾村发展策略

数字经济时代，乡村旅游发展仍然面临着诸多挑战，如数字经济在乡村旅游产业领域的科技成果转化能力较低且产品创新不足、乡村旅游资源信息碎片化严重、发展资金缺口有待修补等。在新发展阶段，人民日益注重旅游的内涵和质量，这些都对乡村旅游的发展提出了新要求。因此，以高质量发展理念为引领，以数字经济为引擎，以文旅产业融合为导向，探索乡村旅游新的发展路径具有深远意义。

1. 消费升级：满足游客的品质化和多元化需求

数字经济时代，消费者在传统的观光山水和打卡式的到此一游基础上，更注重消费体验的品质化和多元化。新冠疫情催生了旅游市场中消费需求和消费理念的变化，即消费者在旅行产品的选择上更多趋向于亲近自然的体验，同时也会更关注旅游对于身体健康、心灵健康、亲密家庭关系和自身内在成长等方面的作用，而在消费理念上更趋于理性消费、文明消费和数字消费。基于此，数字经济时代的乡村旅游要具备集展示、传播、营销、管理、服务甚至应急处理于一体的全流程功能，不仅能提供线上预订退订、在线咨询和投诉等服务，还要能够给消费者提供更加系统、全面且便捷的乡村旅游六要素的信息服务功能。数字经济时代，文旅产业发展要多角度、全方位运用好数字技术，推进乡村旅游高质量发展，为旅游消费者带来具有高品质、个性化特征的数字乡村旅游产品。

2. 供给优化：提升企业的数字服务供给力和竞争力

在数字经济时代，要提升乡村旅游企业的竞争力，就要强化数字技术在乡村旅游中的深度应用，全面提升企业的数字化服务供给力。目前，乡村数字文旅产品存在许多不足之处，突出表现在大多数乡村文旅产品都无法满足游客的体验需求，不能引起游客的情感共鸣。因此，相关企业要建立“三新”观，即新的要素观、生产观以及发展观。新的要素观，即以数字连接的全球化要素新体系及配置逻辑；新的生产观，即数字化生产、供应链变革、智慧管理和共享思想等；新的发展观，即文旅融合发展和数字经济发展。因此，乡村文旅产业发展要借助网络新媒体平台和先进的数字信息科技，依托乡村核心特色文化资源打造具有旅游吸引力的IP。运用数字技术不仅能大大提高管理速率，还可以为乡村文旅发展的各种决策提供数据支撑。除此以外，要注重优化产品供给体系，全面提升数字化供给服务能力，使乡村旅游产品更加丰富，提升相关企业的市场竞争力。

3. 资源配置：全面均衡要素以增强产业发展的后劲

运用数字技术全面均衡空间和时间要素，创新乡村旅游沉浸式体验空间，可以有效增强乡村旅游产业发展的后劲。目前，乡村旅游产品更多的是在实体空间呈现，而数字空间的产品相对较少，加之很多产品更多的是在白天展示，夜间的产品相对少很多，而夜间的产品需要更多的光、电等技术支撑。基于此，为促进文旅产业发展，空间上可以从山地村和平原村、东南西北分区域、实体空间和虚拟空间等方面进行相关要素的均衡处理；时间上可以从白天和黑夜、淡季和旺季、高度集中和预约预定等方面进行相关要素的均衡处理。系统且全面地运用数字技术对乡村特色旅游资源进行时间和空间的整合、特色展示和传播营销，不仅能提升旅游消费者的互动体验感，让乡村文化在数字世界散发新的光彩，而且能提高政府、行业及企业的旅游管理效率。

三、数字经济＋创意农业旅游——以张家口官厅创意农业为例

根据 2015 年国家发布的《京津冀协同发展规划纲要》，京津冀的整体定位是“以首都为核心的世界级城市群、区域整体协同发展改革引领区、全国创新驱动经济增长新引擎、生态修复环境改善示范区”。区域整体定位体现了三省市“一盘棋”的思想，符合京津冀协同发展的战略需要。下文以张家口官厅创意农业为例，探索数字经济＋创新农业旅游的发展。

（一）张家口官厅创意农业发展背景

2016 年 2 月，《张家口市国民经济和社会发展第十三个五年规划纲要》对怀来县的区域发展做出指示：①构建张家口经开区、洋河可再生能源示范新区、崇礼区、下花园区、怀来县等一批非首都功能承接“微中心”。②加快新城开发，拉大城市框架。③延伸旅游产业链条。④努力将怀来建设成为具有 20 万以上人口的中小城市。

张家口怀来境内的官厅水库联合北京延庆区共同建设大海陀环首都国家公园，怀来加快建设官厅水库国家湿地公园等国家和省级重要湿地公园，泥河湾、小五台等国家级自然保护区，确定草原“生态红线”，保护和恢复坝上天然草原。

在国家与地方政策背景下，张家口官厅地区在规划时抓住区域的自然景观优势和人文优势，统筹建设，使规划范围内的风貌既有实体景观，又有文化内涵。

（二）张家口官厅创意农业规划目标

官厅创意农业项目建设，依托官厅湖、石片黄杏、怀来葡萄、怀来地区民俗文化等原有自然和人文资源，结合现代化元素，完善生态旅游、休闲度假、科普教育等功能，坚持“因地制宜，突出特色，合理开发，保护生态”的开发规划理念，既突出当地特色，又融入了多样化的元素。

1. 整体定位

官厅左岸国际生态城项目的整体定位是突出当地生态和文化特色，建设以科技和生态为核心支撑的国际级生态城。生态城进行四个层面的设计和建设。休闲旅游：依托丰富的人文、自然资源发展休闲旅游，提供休闲、度假等服务。绿色食品：充分利用现代化农业的科学化管理模式和技术优势，为人们提供大量的绿色健康食品。科技生态：通过绿色生态规划来改善生态环境质量，提高整体绿化水平，保护生态环境。观光农业：生态城是现实版的教科书，能够让游客在休闲娱乐中学习到丰富的农业知识。

2. 功能定位

该项目的功能定位是北京生态观光旅游重要基地。通过科技兴农、生态保护、观光旅游、休闲娱乐功能的融合，打造农业与旅游业协同发展的生态国际城。科技兴农：引进先进的技术，大力发展现代农业，提高农业科技含量；运用现代技术和管理方法，建立生态示范区。生态保护：贯彻可持续发展理念，注重建设与自然生态和谐统一，保护生态环境。观光旅游：发展生态观光旅游，为都市人提供解压的自然放松区域，使其可通过田园观光、感受民俗风情，亲近自然，释放压力。休闲娱乐：建设欢乐农场、水下酒店等供游客休闲娱乐的场所，开发官厅水乐园等高端娱乐项目，供游客尽情游玩。

3. 客源市场定位

立足官厅水库的区位优势和旅游品牌效应，以北京、张家口等周边城市为基础市场，以城市游客、出游家庭、参观学生为主要目标人群。

（三）数字经济时代张家口官厅创意农业发展策略

以数据化、智能化为特征的数字化转型，是加快实现新旧动能转换的重要手段，是实现农业农村现代化的重要法宝，是推动乡村振兴高质量发展的动力源。

1. 实施“数商兴农”工程

2022年发布的《中共中央、国务院关于做好2022年全面推进乡村振兴重点工作的意见》提出，要实施“数商兴农”工程，推进电子商务进乡村。数字经济时代，张家口官厅创意农业发展，应以实施“数商兴农”工程为牵引，对接电商平台，通过“电商＋市场主体＋合作社＋农户”模式打通农产品流通“最初一公里”，通过完善农村物流配送体系打通农村物流“最后一公里”。通过对消费端大数据的研发应用，及时调整农业产业结构，实现农产品供需精准匹配。农村电商可突破时空限制，以产地直发取代传统的层层分销，重塑农产品供应链、价值链，实现经营网络化。

2. 建设智能现代农业庄园

智能现代农业庄园是集种植、研发、深加工、示范、物流配送、观光休闲、商务会议、居住为一体的综合性现代生态智能创意农业园区。建设智能现代农业庄园，应按照国家级农业物联网示范区、生态农业智能进程控制中心、智能现代庄园、智能农业文化学院四大方向进行建设和打造。国家级农业物联网示范区：建立从产区到消费者的一体化农产品配送基地，打通农产品直销产业链，为城市提供百分百新鲜农产品。生态农业智能进程控制中心：以生态农业、科技农业为导向，打造精准控制、进程操控的现代化农业模式。智能现代庄园：将现代智能科技应用于庄园中，打造现代农业庄园度假养生地，使现代智能科技与田园生活相结合，创造现代人的田园宜居环境。智能农业文化学院：包含农业文化教育以及农耕体验两部分建设内容，欲以文化教育传承农业知识，以农耕体验使受众感受传统农事耕作的艰辛，打造现代农业教育体验基地。

四、"互联网+"主导的乡村智慧农业发展——以阜平县为例

党的十九大提出建设"数字中国"，"数字中国"是新时代国家信息化发展的新战略。习近平总书记高度重视数字中国建设，他强调："加快数字中国建设，就是要适应我国发展新的历史方位，全面贯彻新发展理念，以信息化培育新动能，用新动能推动新发展，以新发展创造新辉煌。"文旅部在"十四五"相关规划中明确提出要重点打造旅游体验新场景，再次明确了数字文旅在乡村旅游发展中的战略地位。

数字化是乡村经济发展的新阶段与新方向，加强乡村数字化建设可以加快乡村经济信息化转型速度，助力乡村振兴，开启城乡经济融合新局面，催生新兴的乡村产业形态。数字乡村的建设可以快速补齐乡村文化产业发展的技术短板，并与乡村经济产生积极的融合趋势。

自2015年3月5日政府工作报告中首次提出"互联网+"行动计划以来，关于"互联网+农业"的讨论热度一直未减。王文生认为，"'互联网+农业'是充分利用移动互联网、大数据、云计算、物联网等新一代信息技术与农业的跨界融合，创新基于互联网平台的现代农业新产品、新模式与新业态。以'互联网+农业'为驱动，努力打造'信息支撑、管理协同，产出高效、产品安全，资源节约、环境友好'的我国现代农业发展升级版"①。

阜平县将"互联网+"与当地绿色农产品、得天独厚的旅游资源相结合开展智慧农业建设。

---

① 赵芝俊、陈耀：《互联网+农业：理论、实践与政策——2015年中国技术经济学会农业技术经济分会年会综述》，《农业技术经济》2015年第11期。

（一）阜平县智慧农业发展现状

在人类几千年的农业文明史中，生产者每一次对先进技术的掌握以及先进生产工具的使用，都会被视作整个人类社会发生巨大进步的标志。如何利用现代科技为阜平县经济社会发展服务成为阜平当前面临的重大课题。

随着经济社会的发展，阜平县域农业生产急需通过科技手段转变生产方式，提升农业科技水平。对此，阜平县提出了“一个中心、四个平台”的解决方案。通过建立和完善示范区技术支撑体系、示范区管理体系、示范区服务体系，建设智慧农业综合服务平台和农业物联网科技应用示范基地，从而打造覆盖示范区农业生产经营、管理、服务的全新的数字化、信息化、智能化服务模式，提升示范区农业精准生产技术水平，提高各类农业资源利用效率，打造食品安全及绿色农业产业链，实现现代农业的跨越式发展。

阜平县利用物联网、云计算技术，构建现代农业示范区综合服务体系，以“管理与服务”为两大核心需求，打通农业生产、流通、销售的各相关环节，建立农业共享数据中心，实现农业物联网建设、质量安全追溯、农业电子商务和农业金融融资服务，打造智慧农业服务典范。

阜平县提出的“一个中心、四个平台”具体为：

一个中心：农业物联网数据中心。

建设农业物联网数据中心：构建远程服务、监管、调度、智慧决策的农业现代化管理平台，实现各农业企业物联网应用统一接入和管理，实现农田信息的自动采集和自动化灌溉，实时监测区域内的农业环境；构建物联网检测数据中心，将全县范围的企业信息、环境检测信息、视频监控信息等统一集中管理。阜平县以大田种植、林果种植、水产养殖、畜牧养殖等基地为主要对象，分阶段完成典型代表企业、合作社的物联网示范建设，各基地实现环境信息采集、智能节水灌溉、微型气象站监测、可视化视频监控等联网管理。

平台一：智慧农业监管平台（质量安全追溯网）。

建立农产品质量安全监管与追溯系统，最终搭建“安全可预警、源头可追溯、流向可跟踪、信息可查询、责任可认定、产品可召回”的信息化、网络化、立体化、智能化的农产品质量安全监管网。建设农产品安全保障体系和标准规范体系，为企业树立品牌“千里眼”，为消费者搭建一座农产品安全“防火墙”。

平台二：智慧农业电子商务销售与 ERP 平台电子商务网。

电子商务网是农业管理者为农业企业、合作社等构建的“网上交易、线下配送”的产销对接创新服务平台。打造涉农企业的网上批发市场和专卖店，帮助农业企业、农户、农业合作社拓宽销售渠道，致力于为涉农单位打造网上可信的商贸圈，并与质量安全追溯网、农业物联网进行对接，提供商务服务；与融资平台对接，助力涉农企业、合作社的商贸服务。

平台三：智慧农业信息服务平台。

建设智慧农业信息服务平台，面向市县全域，全力打造信息资源共享、区域资源动态监测、企业信息在线管理的智慧农业产业信息管理系统。

平台四：智慧农业融资服务平台。

整合银行、金融机构、社会力量以及政府部门建设网络融资平台，畅通融资渠道，进一步解决农户生产经营融资难的问题。一方面为农户融资提供可靠的渠道，另一方面为投资机构及个人提供可靠的、有担保的、较低风险的新兴农业投资渠道。从项目运营公司的角度来说，对申请融资的组织或个人进行资信审查，并对投资者进行资质审查，向双方提供担保；从农业企业、农业合作社、农户的角度来说，通过融资平台上传资信证明、项目介绍、融资需求、抵押证明等内容，申请资金；从投资机构、投资个人的角度来说，通过融资平台注入资金，并通过第三方担保的方式将资金注入感兴趣的项目。该平台可实现与前述三种平台的数据互通和数据共享，为资信审核提供数据。

（二）数字经济时代阜平县乡村数字文旅发展策略

1. 创新乡村数字文旅管理机制

目前，乡村旅游数字化发展严重缺乏活力，亟须构建新的数字文旅活化管理机制。相关行政管理部门的管理权限往往比较有限，在区域资源整合、业态创新、技术开发当中发挥的作用不够。因此，当地政府管理模式应当从传统分散管理模式向共享管理和价值共创模式进行转变，将乡村内外的资源要素整合起来，不断创新乡村旅游业态，把企业、村民、游客统筹纳入一体化的管理体系，推动数字文旅管理机制的共建共享和价值共创。具体措施有：首先，打破数据信息孤岛，整合碎片化信息。信息的有效获取是管理行动的基础，将相关信息整合起来可以有效打破政府与企业、游客与乡村目的地之间的沟通障碍，从而优化数据信息的资源配置。其次，完善公共服务体系建设，推动乡村旅游交通和景区场景智能化发展。例如，建立乡村游客流量检测系统；加强道路导向基础设施建设；根据乡村道路特点向游客提供便捷、智能的乡村道路交通工具租赁服务；利用 AR、VR 技术丰富乡村故事性场景建设。最后，利用数字技术识别、了解游客的游玩偏好，从而为游客提供个性化、精细化的服务。

2. 构建数字文旅相关专家智库

组建数字技术和乡村旅游发展规划专家团队，将文旅、数字科技、经济等研究领域有相关研究成果的专家或有经验的优秀人才纳入乡村旅游数字文旅发展和规划研究智库，为保障乡村旅游高质量发展储备坚实力量。在此基础上，支持该领域的科研机构和骨干企业围绕乡村数字文旅发展过程中所存在的突出问题开展调查研究，如通过专家研讨会和实地调查等活动的反复循环推进对当地乡村旅游的发展导向、项目开发情况等进行评估；采用数字化教学、人才培养等方式为乡村旅游的高质量发展提供相应的智力支持；等等。这些尝试都为乡村数字文旅应用场景的开发和打造打下基础。智库中心的效能不仅体现在能运用数字技术保护、繁荣乡村民俗文化，促进乡村数字文旅产业发展，还体现在对推进乡村振兴、农村精神文明建设、城乡一体化建设、社会主义新农村建设方面具有十分重要的作用。

3. 推广特色产品

特色产品为乡村文旅产业发展注入活力。发展乡村文旅产业，要整合特色农产品和特色手工艺品资源，将特色产品资源与乡村文化旅游结合，推动线上线下消费融合创新；以短视频、OTA 等线上传播商业模式，扩大产品市场，塑造品牌形象；以线上产品为突破口激发线下消费，将线上客流引入线下景区、度假区及各类文化场所。总之，要将线上线下销售相结合，拓展特色产品流通渠道，完善村庄的“造血”功能，帮助农民致富。

后　记

河北文化产业的实践和应用是我 10 余年间研究的一个重要方向。2016 年，我所带领的文化产业研究团队所在的河北大学被河北省委宣传部认定为全省唯一一家文化产业基地。我和我的研究团队对河北文化产业进行过多次考察和调研，在此基础上，出版了一系列相关著作。例如，《河北太行山文化产业带构建与发展策略》（2018）、《河北大运河文化带发展策略研究》（2022）、《河北省文化产业发展蓝皮书（2018）》（2019）、《燕山—太行山片区文化产业与精准扶贫融合发展策略研究》（2020）等。近年来，伴随着人工智能、云计算、大数据等数字技术的不断成熟，“数字文化产业”逐渐成为行业内热议的话题之一。河北作为一个文化资源丰富的大省，如何借助新技术和新产业模式乘风而上，成为我思考的一个关键问题。

可以说，《数字经济时代河北省文化产业发展策略研究》就是我带着问题思考的结果，目的是能够在数字经济发展的浪潮下为河北省文化产业的发展提供建设性的意见。其实，2019 年关于本书的内容架构和逻辑思路就已经开始萌芽，那时我重新整理了河北区域文化产业发展的调研内容，并站在数字文化产业发展的角度对部分内容进行了二次调研。2022 年，我在经过充分的调研和思考的基础上，申报了河北省教育厅人文社科重大攻关项目并有幸获批，我想这也是对我相关思考和研究内容的一种肯定。在此之后，我又根据河北数字文化产业的发展状况对书中多处内容进行了修改和调整。简单而言，本书可以分为两个部分：一是在数字技术发展的基础上，探索河北省数字技术与文化产业进行深度融合的现实路径，以期助力激发河北省文化产业发展的新动能；二是以河北省大运河文化产业带、长城文化产业带、冰雪文化产业带、燕山—太行山文化产业带发展现状为基础，整合数字经济背景下文化产业发展的可行路径，为河北省区域文化产业发展提供相关策略。

本书作为一本对河北数字文化产业发展进行相关研究的专著，可以说倾注了我大量的心血，也体现了我对河北文化产业发展状况的思考和总结。这本书也是我关于“河北文化产业研究”系列成果的其中一部，也是难度最大的一部。一方面，数字时代文化产业的发展瞬息万变，很难具体把握其相关规律，这使书中的某些案例难免有过时之嫌。另一方面，本书是一本以实地调研和考察为研究基础的专著，资料收集难度较大，研究选题本身的复杂性以及作者自身的局限，都使书中难免会有错漏之处。在此，也敬请专家学者和广大读者批评指正。

另外，本书还得到了河北大学社科处的大力支持，是河北大学社科培育（重点）项目的成果之一（项目编号：2020HPY014）。同时，也感谢河北省教育厅、河北省文化和旅游厅和其他科研院所对本成果的大力支持。在此，我也期望政府、高校和科研院所能够在本方向继续深入开掘，产出更多高质量的成果。

杜浩

2023. 7